Impressum

Konzeption und für den Inhalt verantwortlich: Brigitta Glatz, 2870 Aspang
E-Mail: brigitta.glatz@hotmail.com
Aktuelle Fotos: Franz Zwickl, Brigitta Glatz

Verleger: KRAL-Verlag – Anton Kral GmbH (Inh. Robert Ivancich), Kennedyplatz 2, A-2560 Berndorf, Tel.: 02672-82236, Fax: DW 4
E-mail: buch@kral-berndorf.at www.kral-kinderbuch.at www.kral-verlag.at

Erschienen in Berndorf 2010

ISBN: 978-3-902447-96-8

Erstauflage

Brigitta Glatz

Unsere Heimat

Aspang-Markt
Aspangberg-St. Peter

Wissenswertes aus Vergangenheit und Gegenwart

KRAL VERLAG

Die Marktgemeinde Aspang Markt liegt im Herzen des Wechsellandes, ist uraltes Siedlungsgebiet und schon zur Römerzeit am Weg in den Süden gelegen.
Aspang Markt hat sich unter den verschiedenen Herrschaften zum wirtschaftlichen und kulturellen Mittelpunkt des Wechselgebietes entwickelt. Der verdichtete Siedlungsbau und die zentrale Anordnung des Hauptplatzes sind auf die Initiativen der verschiedenen Grafen zurückzuführen.
Das Ortsbild wird geprägt von einem wunderschönen, großflächigen Hauptplatz sowie den beiden Pfarrkirchen St. Johann in Unter-Aspang und St. Florian in Ober-Aspang. Nächst dem Kirchenplatz in Ober-Aspang präsentiert sich das Schloss Aspang, das sich in Privatbesitz befindet. Zu den weiteren Sehenswürdigkeiten zählt der Kaiser Franz Josef Jubiläumsbrunnen am Hauptplatz. In der Folge zieren noch eine Vielfalt von alten Statuen und Sakralbauten verschiedene Plätze und Straßen im ganzen Ortsgebiet.
Einen großen wirtschaftlichen Aufschwung erfuhr Aspang Markt mit dem Bau der Wechselbahn, die am 12. Oktober 1910 eröffnet wurde.
In der heutigen Zeit wird die Region durch vier Einkaufsmärkte und viele Einzelhandelsgeschäfte bestens versorgt und stellt den Mittelpunkt des gesamten Wechselgebietes dar.
Die 35 ortsansässigen Vereine garantieren ein lebendiges Vereinsleben und schaffen eine ideale Betätigung für unsere Jugend. Die Veranstaltung „Aspang live" in den Sommermonaten ist seit 1984 schon zur Tradition geworden und ist aus dem kulturellen Leben unserer Gemeinde nicht mehr wegzudenken.

Als Bürgermeister der Sitzgemeinde unserer Volksschulgemeinde begrüße ich die Initiative von Frau Dir. Brigitta Glatz besonders, gemeinsam mit den Lehrern und Schülern der Volksschule Unter-Aspang ein Buch über die Geschichte von Aspang Markt und Aspangberg-Sankt Peter zusammenzustellen.

Herzlichen Dank dafür!

Bürgermeister HR Reg. Rat Ing. Hans Auerböck

Als Bürgermeister der Gemeinde Aspangberg-St. Peter freut es mich besonders, dass ihr es euch zur Aufgabe gemacht habt, euren Heimatort zu erkunden und eure Forschungsergebnisse in einem Buch zu sammeln. Ich bin überzeugt, dass ihr dadurch neue Einblicke in unsere Heimatgemeinde erleben durftet und hoffe, die Beziehung zu unserer wunderschönen Gemeinde Aspangberg-St.Peter konnte dadurch wachsen.

Zu Beginn des Buches möchte ich euch einige Informationen über Aspangberg-St.Peter näher bringen:
Die Gemeinde Aspangberg-St.Peter gehört zu den flächenmäßig größten Gemeinden im Verwaltungsbezirk Neunkirchen. Neben den geschlossenen Ortsteilen St. Peter am Wechsel und Mariensee sowie Hoffeld und Höll bilden die 16 Rotten Sonneck, Außeraigen, Steinhöfen, Hottmannsgraben, Vögelhöfen, Hinterleiten, Königsberg, Neustift am Hartberg, Ausschlag, Mitteregg, Langegg, Inneraigen, Außerneuwald, Mitterneuwald, Innerneuwald und Neustift am Alpenwald das ländlich strukturierte Gemeindegebiet.
Wir haben ca. 1.900 Einwohner mit Hauptwohnsitz und ca. 700 mit Nebenwohnsitz.
Die größten Herausforderungen für die Gemeinde bilden die Erhaltung des über 100 km langen Gemeindestraßennetzes, die öffentliche Wasserversorgung sowie die Abwasserentsorgung.
Das Gemeindeamt ist Verwaltungssitz, wo die Amtsleitung, das Bau- und Meldeamt, die Tourismusabteilung sowie die Buchhaltung untergebracht sind. Gleichzeitig ist es wichtige Servicestelle für die Gemeindebürger.

Abschließend bedanke ich mich bei allen Schulkindern und Lehrern der Volksschule Unter-Aspang, besonders bei Frau Direktor Brigitta Glatz für ihr Engagement, dieses Buch zu schreiben.

Ich gratuliere zu diesem gelungenen Werk und wünsche allen Leserinnen und Lesern viel Freude damit.

Bürgermeister ÖR Josef Bauer

„Heimat ist ein kleines Wörtchen nur und gräbt doch eine tiefe Spur in unsre Seele ein"
Nichts könnte die Beziehung des Menschen zu seiner Umgebung, in welche er hineingeboren ist, deutlicher zum Ausdruck bringen, als jene schlichten, von Obl. Nikel 1937 niedergeschriebenen Verse *„Was ist Heimat"*.

Sehr geehrte Leserinnen und Leser!

In der Volksschule Unter-Aspang haben die Direktorin Fr. Brigitta Glatz und Ihre Lehrer schon lange auf die neuen Anforderungen in der Ausbildung reagiert und immer wieder weit über den vorgegebenen Lehrplan Aktivitäten gesetzt um die Ausbildung und das Wissen unserer Schüler so zu gestalten damit sie auf Ihr zukünftiges Leben bestens vorbereitet sind.
Auch die Geschichte des eigenen Lebensraumes zu kennen gehört dazu.
Durch das vorbildliche Engagement von Frau Dir Glatz haben die Schüler der Volksschule Unter-Aspang unter Einbindung Ihrer Eltern und der Bevölkerung der beiden Gemeinden ein Geschichtsbuch von Aspang Markt und Aspangberg-St.Peter im Unterreicht erarbeitet und zu Papier gebracht.
Nun halten Sie die Erst-Ausgabe dieses wirklich gelungenen Buches über die Geschichte von Aspang in Händen und ich bin mir sicher, dass Sie beim Lesen viel Interessantes über unseren Heimatort erfahren.

Ich danke nochmals allen Verantwortlichen die bei der Erstellung für dieses Buch mitgewirkt haben.
Es wurde für die nächsten Generationen die Geschichte von Aspang und Umgebung in diesem Buch festgehalten und dadurch sichergestellt, dass die Verdienste unserer Vorfahren, die Aspang zu dem gemacht haben was es heute ist, nicht verloren gehen

Eine spannende Lesereise durch die Geschichte von Aspang wünscht Ihr Schulobmann

Vizebürgermeister Ing. Josef Reichmann

„Was du nicht weitergibst, ist verloren".
Dieser Sinnspruch eines indischen Gelehrten und mein persönliches Interesse, mehr über die Vergangenheit der engeren Heimat zu erfahren, waren die Motivation, das vorliegende Buch zu schreiben. Herr Bürgermeister Reg. Rat HR Ing. Hans Auerböck unterbreitete mir noch dazu vor etwa einem Jahr seine Idee, ein Buch über die Geschichte Aspangs an unserer Schule zu verfassen.
Nach eingehender Beratung mit BGM HR Ing. Auerböck und BGM ÖR J. Bauer übernahm ich also die zeitaufwändige und manchmal auch schwierige Aufgabe, Historisches über Aspang zu sammeln, auszuwählen und soweit als möglich in zeitlich richtiger Abfolge zu dokumentieren. Ihnen beiden gilt mein ganz besonderer Dank für die Unterstützung und das Vertrauen, welches in das Gelingen meiner Arbeit gesetzt wurde.
In sehr interessanten Projekten mit Lehrern, Schülern und Eltern unserer Schule erarbeiteten wir anfangs Beiträge zu einigen Kapiteln des Buches. Dies geschah etwa im Rahmen einer Gebetswanderung zu historisch wertvollen Kapellen und Marterln in Unter-Aspang oder bei einem Projekttag im Raum St. Peter-Mariensee zur Besichtigung erwähnenswerter Gebäude und Stätten. Auch die Wasserversorgung, die Bäche und die Elektrifizierung waren Gegenstand von Projektarbeiten. Bald wurde mir jedoch bewusst, dass innerhalb unserer Schule nicht genug historisches Material zum Entstehen eines Buches aufzutreiben war. So begann ich, in Pfarrchroniken, Schulchroniken und anderen wertvollen alten Schriften nach interessanten, verwertbaren Daten vergangener Zeiten zu suchen. In einige Privatarchive und Firmenchroniken durfte ich ebenfalls Einblick nehmen.
Ohne die Mithilfe meines Vaters, OSR J. Simeth, wäre es mir allerdings nicht gelungen, Erwähnenswertes aus den ältesten vorhandenen Chroniken Aspangs niederzuschreiben. Ihm danke ich ganz besonders für die mühevolle Arbeit des Transkribierens schwer lesbarer Texte der Kurrentschrift.
In das nun fertiggestellte Buch konnte trotzdem nicht alles, was mir an Interessantem aus vorigen Jahrhunderten zur Verfügung stand, aufgenommen werden. Mein persönliches Anliegen an den Leser ist es auch klarzustellen, dass mit dem vorliegenden Werk niemals der Anspruch auf Vollständigkeit oder alleinige historische Wahrheit gewährt werden kann.

Es wäre mir eine Freude, Schülern und interessierten Erwachsenen aus den beiden politischen Gemeinden der jetzigen Volksschulgemeinde einen Dienst im Sinne der Zeitgeschichte erwiesen zu haben.

VD Brigitta Glatz

St. Corona am Wechsel
Molz
Molzegg
Ghf. Oden-hof
Marien-kapelle
Sommer-rodelbahn
Ghf. Orthof
Unternberg
Allahof
Katz-graben
Bernegg
Sonnen-platzl
Paß-kapelle
Aigenbg.
Rotmoos
Hottmannsgraben
Vögelhöfen
Höll
Degen
Kreiner
Hannesen Teich
Berghaus Anni
Flieger-kreuz
Quelle
Rodelgr.
Almrausch-hütte
Wendelin
Antrittsstein
Simashütte
Tauner
Außeraigen
Kl. Pestingb.
Kleine Klause
Irgler
Fuchs
Unteraspang
Steinhöfen
Hoffeld
Sportanlage
Bhf.
Aspang Markt
Sonneck
Kaltenegger
Hacklbauer
Kampsteiner Schwaig
Kampstein
Hannesen-hütte
Mariazellerkreuz
Frauenalpe
Herrgott-schnitzerhütte
Hansl bei der Feichten
Außerneuwald
Vier-Eck-Kreuz
Inneraigen
Ghf. "Grüne Wiese"
Gr. Pestingb.
St. Peter am Wechsel
Großbauergr.
Innerneuwald
Hermann-quelle
Mitterneuwald
Gr. Klause
1000-jährige Eiche
Langegg
Bad
Murtalgr.
Samberg
Neustift
E59
A2
Maierhöfe
Biotop
Mariensee
Hammersteig
Drei-Wetter-Kreuze am Kreuzriegel
Stauderbauer
Vorgeschichtlicher Monolith
Schafkogel
Mitteregg
Mösiberg
Ausschlag
Kaolin-bergwerk
Murtaler Hof
Lenz
Bärengr.
Kranawettgr.
Neustift am Alpenwald
Kogel
Schneeweiß
Zethofer
Unterhöfen
Glaserluck'n
Niederwechsel
Haller-haus
Mönichkirchner Schwaig
Biotop
Steinerne Stiege
Eckbauer-alm
Lichtenegg
Studentenkreuz
Mönichkirchen
Luef am Hartberg
Guggendorf
Res.
0 250 500 750 1 km
54

Inhaltsverzeichnis

Die **4 Klassen der Volksschule Unter-Aspang** haben mit ihren Klassenlehrerinnen im Schuljahr **2009/2010** durch ihre Arbeit an Projekten zum Gelingen dieses Buches beigetragen.

Einige Überlegungen von Schülern der 3. Klasse zu den Anfangsbuchstaben des Ortsnamens ASPANG

Aspang liegt am Fuße des Wechsels im südlichen NÖ.

Schon sehr früh gab es ein Marktsiegel, das 1220 erstmals urkundlich erwähnt wurde.

Pergen war das Herrschergeschlecht, das die Entwicklung Aspangs über Jahrhunderte prägte und formte.

Auf die von hier ausgehende wirtschaftliche und gesellschaftliche Entwicklung im Wechselland ist Aspang bis heute stolz.

Nach Aspang kann man seit 1881 mit der Aspangbahn fahren.

Große und Kleine Pesting entspringen in der Umgebung von Aspang und fließen durch den Ort.

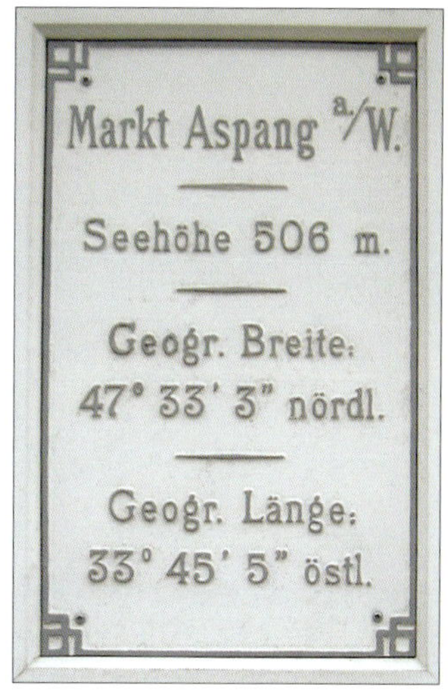

Aspang-Markt einst ...

... und der Markt heute

Aspang am Wechsel

Aus der Festschrift F.Polifka (Pfarrer) Aspang 1881

Aspang heute

Aspang um 1910

Wenn wir heute von Aspang am Wechsel sprechen, *meinen wir grundsätzlich den Ort Aspang, der sich inmitten zweier eigenständiger politischer Gemeinden* befindet. Dies sind die **Gemeinde Aspang Markt** mit den geschlossene Ortsteilen Ober-Aspang und Unter-Aspang sowie die **Gemeinde Aspangberg-St. Peter** mit 16 Rotten in der Umgebung von Aspang Markt, den Orten St. Peter und Mariensee und dem niederösterreichischen Teil des Wechsels.

Aspang Markt ist von Hügeln und Höhenrücken umgeben in 498m Seehöhe gelegen. Wegen seiner landschaftlichen

Unter-Aspang um 1902

Schönheit und seiner Ausdehnung am Rande der Buckligen Welt und zugleich am Fuße des Wechsels wird der Ort im *Aspanglied* liebevoll die *Perle der Buckligen Welt* genannt, anderswo die *Perle des Wechselgebietes*.
Aspang gehört zum politischen Bezirk Neunkirchen und erstreckt sich über ca. 5 km² im südlichen Teil des Industrieviertels im Bundesland Niederösterreich an der Landesgrenze zur Steiermark.
Der Sitz der Gemeindeverwaltung ist das *Gemeindeamt Aspang Markt* im Haus Hauptplatz 12. Nach einer Aspanger Chronik zu schließen, dient dieses Gebäude schon seit dem Jahr 1868 als Gemeindehaus.

Marktplatz mit Gemeindeamt

Gemeindeamt Aspang 2010

Ober- und Unter-Aspang

Aspangberg-St. Peter

Aspangberg

Aspangberg-St. Peter

Das ist eine Gemeinde, deren Ausdehnung und Name sich vom *19. Jahrhundert bis heute* einige Male geändert hat. Das Gemeindegebiet liegt in einer Seehöhe von 450 m - 1743 m (Hochwechsel).

Die Geschichte beginnt **1850** mit der Entstehung der **Landgemeinde Amt Aspang**. Zu ihr gehörten Mönichkirchen, Neuwald, Großes und Kleines Amt.

Von *1922 bis 1971* war *St. Peter am Neuwald* selbstständige Gemeinde.

Das Gemeindegebiet *St. Peter am Wechsel* (am Neuwald) bestand aus den Rotten Außerneuwald, Mitterneuwald, Innerneuwald, Neustift am Alpenwald und den Ortschaften St. Peter am Wechsel und Mariensee.

In den Jahren des 2. Weltkrieges (1941-1945) gab es eine „gemeinschaftliche Bürgermeisterei Aspang" und daher auch einen *gemeinsamen Bürgermeister*. Es erlosch somit die Funktion eines Bürgermeisters der Gemeinde Aspang Amt.

Nach dem Krieg hieß die Gemeinde bis 1960 wieder Aspang Amt. Im genannten Jahr wurde der Name auf **Aspangberg** geändert. Das Gemeindegebiet bestand damals aus den Rotten Sonneck, Außeraigen, Steinhöfen, Hottmannsgraben, Vögelhöfen, Hinterleiten, Höll, Königsberg, Neustift am Hartberg, Aussschlag (statt Rotte mit Dorf bezeichnet), Mitteregg (statt Rotte mit Dorf bezeichnet), Langegg und Inneraigen.

Eine neuerliche Veränderung gab es 1971. Da kam es zur Vereinigung der beiden Gemeinden Aspangberg und St. Peter am Wechsel zur **Gemeinde Aspangberg-St. Peter**. Diese besteht bis heute aus den oben angeführten Rotten der ehemaligen Gemeinde Aspangberg und zusätzlich aus der Hoffeldsiedlung, später umbenannt auf „Hoffeld" sowie der ehemals selbstständigen Gemeinde St. Peter am Wechsel.

Das Gebiet der durch die Zusammenlegung nun flächenmäßig großen Gemeinde erstreckt sich über ca. 81 km². Dazu gehören auch die in NÖ gelegenen Bereiche des Hochwechsels bis zur höchstgelegenen bewirtschafteten Gaststätte, dem Wetterkoglerhaus. Es wurde 1899 erbaut und überstand die schweren Kämpfe der letzten Kriegstage von 1945. Zum Gedenken an die Gefallenen und diese für die Bewohner des Wechselgebietes so leidvolle Zeit wurde in unmittelbarer Nähe des Wetterkoglerhauses 1966 ein weithin sichtbares Kirchlein gebaut.

Das Gemeindeamt von Aspangberg-St. Peter befindet sich in Sonneck 4 (Coronastraße). Es wurde als Wohnhaus 1912 gebaut und *1957/58* renoviert. Von da an war es durchgehend Sitz der *Gemeindeverwaltung.*

Gemeindehaus Aspangberg-St. Peter

Aufgaben der Gemeinden

Viele Bürgermeister stellten sich im Laufe der Zeit gemeinsam mit den Verantwortlichen des jeweiligen gewählten Gemeinderates in den Dienst von Aspang-Markt und Aspangberg-St. Peter. Sie hatten und haben umfassende Aufgaben zum Wohle der dort lebenden Bevölkerung zu erfüllen und als Verantwortliche im eigenen Wirkungsbereich verschiedene Zuständigkeiten. Eine Gemeinde ist auch:

Dienstbehörde – damit also Vorstand des Gemeindeamtes und Dienstgeber für Gemeindeangestellte

Baupolizei – hat Bauvorhaben zu überwachen und gesetzliche Bauvorschriften einzuhalten

Veranstaltungspolizei – obliegt das Einhalten der Richtlinien bei Veranstaltungen

Marktpolizei

Gesundheitsbehörde für den Ort (Gemeindearzt, Leichen- und Bestattungswesen)

Katastrophenschutzorgan für die Gemeinde

Zuständigkeit für *Flurschutz, Verwaltung* von *Gemeindewasserleitungsbau* und Erhaltung

Verwaltung von *Verkehrsflächen* (Schneeräumung, Halte- u. Parkverbote)

Verwaltung von *Grundstücken*

Örtliche Raumplanung (Flächenwidmungsplan, Bebauungsplan)

Vorschreibung von *Gemeindeabgaben* (Wasser-, Kanal-, Müllgebühren, usw.)

Festsetzung von *Benützungsgebühren* (z.B. für das Freibad)

Die Gemeindeführung ist außerdem zuständig für einen *übertragenen Wirkungsbereich* wie *Meldeamt, Standesamt* (Geburten, Ehe- und Sterbebuch, Trauungen,…), die *Staatsbürgerschaftsevidenz,* die Vorschreibung von Landes- und Bundesgebühren und die *Durchführung von Wahlen.*

Gemeindehaus (rechts)

Die Aufgabe des Meldeamtes innerhalb der Gemeinde ist die Evidenzhaltung der *Einwohnerzahlen.*

Für das Jahr 2010 gelten vorläufig nachstehende Zahlen:

Aspang Markt hat ca. 2100 Einwohner,

Aspangberg-St. Peter mit Zweitwohnsitzen ca. 2600 Einwohner.

Eine interessante Gegenüberstellung von Einwohnern und Häusern aus 1890 und 1900 ist aufgetaucht, welche nur die Gemeinde Aspang Markt betrifft:

Aspang Markt hatte					
Einwohner			und Häuser		
Im Jahre	1890	1900	im Jahre	1890	1900
Einwohner	1154	1313	Häuser	127	140

Die Bürgermeister von Aspang Markt und Aspangberg-St. Peter, soweit in der Bürgermeisterchronik angeführt, werden in chronologischer Reihenfolge genannt. Sie haben die Entwicklung beider Gemeinden auch in politisch schwierigen Zeiten geprägt. Während des 2. Weltkrieges (1941-1945) gab es sogar einen gemeinsamen Bürgermeister für ganz Aspang.

Die Bürgermeister von Aspang Markt

1817 - 1831 Anton Grabenhofer, Leinenweber- und Strickmeister
1. Bürgermeister, der von den Bürgern frei gewählt wurde

1831 - 1850 Franz Eder, Kaufmann, Hauptplatz 2

1850 - 1858 Josef Rottler, Brauereibesitzer, Bahnstraße 10

1858 - 1861 Balthasar Schmitt, Apotheker, Hauptplatz 8

1861 - 1864 Anton Wedl, Kaufmann

1862 mit Dr. Josef von Preu wird erstmals ein Gemeindearzt angestellt.
Sein Gehalt betrug 150 Gulden im Jahr.

1864 – 1867 Johann Vital, Kaufmann, Hauptplatz 9

1867 – 1872 Dr. Josef von Preu, Drahtzugsbesitzer, Bahnstraße 11

1868 Rohrlegung für die Wasserleitung von der Habischleiten.
Ankauf des heutigen Gemeindehauses um 4500 Gulden.

1871 Erbzinsvertrag mit dem Kaufmann Johann Floiß betreffs Erbauung eines Bades hinter dessen Haus Bahnstraße 3

1872 – 1879 Johann Vital, Kaufmann, Hauptplatz 9

1879 – 1880 Johann Rottler, Brauhausbesitzer, Bahnstraße 10

1880 – 1885 Martin Wocheslánder, Gasthaus-, Fleischerei- und Sägewerksbesitzer

1885 – 1894 Josef Schweißt, Schneidermeister und Realitätenbesitzer, Hauptstraße 13

1899 – 1902 Josef Müller, Mühlen- und Sägewerkbesitzer

1902 – 1906 Karl Wagner, Kaufmann, Kirchenplatz 1

1906 – 1919 Alois Pelnitschar, Buchbinder und Papierhändler, Hauptstraße 6

1919 – 1932 Johann Auerböck, Gastwirt und Realitätenbesitzer, Hauptstraße 14

1932 – 1937 Ludwig Ramberger, Baumeister

1937 – 1938 Dr. Josef Prinz, Notar

1938 – 1941 Karl Brandstetter, Amtsrat i.R.

01. 10. 1941: Zusammenlegung der Gemeinde Aspang Markt und Aspang Amt.
Beide Bürgermeister legen ihre Ämter zurück.

1941 – 1943 Hans Schilcher, Gerbermeister

1943 – 1945 Wilhelm Rottler, Hotelier und Fleischereibesitzer

April – Juli 1945 Ludwig Rasch, Eisenbahner

August – Oktober 1945 Albert Kainz, Schneidergehilfe

November 1945 – 1950 Simon Bauer, Schneidermeister und Trafikant

1950 – 1954 Franz Moschna, Telegrapheninspektor

1954 – 1968 Eduard Lurger, Hauptschuldirektor

1968 – 1987 Hans Diettrich, Landtagsabgeordneter und Rauchfangkehrermeister

1988 – Reg. Rat HR Ing. Hans Auerböck

Bürgermeister Aspang – Amt bzw. Aspangberg-St. Peter

1939(?) – 1941 Bgm. Puchegger

1941 – 1945 gemeinsamer Bürgermeister mit Aspang Markt (siehe dort)

1945 – 1948 Tauchner Anton

1948 – 1970 Hackl Leopold

1970 – 1990 Nagl Robert

1990 – 2005 Schlinter Alois

2005 – ÖR Bauer Josef

Bürgermeister der eigenständigen Gemeinde St. Peter

1945 – 1965 Pölzlbauer Franz

1965 – 1970 Schlinter Alois

Die Wappen beider Gemeinden

Dass Wappen eine längere Entstehungsgeschichte und die Darstellungen auf ihnen Symbolik haben, erfährt der Leser in den nachfolgenden Erklärungen.
Die Heraldik (= Wappenkunde) sieht sehr genaue Richtlinien für das Ausführen, Beschreiben und Lesen eines Wappens vor. Der jeweiligen Landesregierung steht es zu, einer Gemeinde das Recht zur Führung eines Gemeindewappens zu verleihen. Daraus haben sich wiederum die Farben einer Gemeindefahne abzuleiten.

Das Wappen von Aspang Markt

Für das Gemeindewappen von Aspang Markt lautet die Originalbeschreibung:
„Das Wappen von *Aspang Markt* begründet sich auf *mittelalterliche Siegel* und schien erstmals im *Wiener Neustädter Stadtarchiv im Jahr 1391* auf. Es zeigt eine silberne Spange im Feld eines dreieckigen Schildes, darüber A als Anfangsbuchstabe des Marktnamens und darunter S (Sigillum). Es trägt die Farbe blau-weiß."

Das Wappen von Aspangberg-St. Peter

Eine Erklärung dazu lautet :
„Die Farben des Wappens sollen darstellen, dass GOLD auf Landwirtschaft hindeutet, GRÜN auf Forstwirtschaft und die Zacken in der Mitte des Schildes auf Holzverarbeitung.
Der Schlüssel im grünen Teil des Schildes weist auf den Ortsteil St. Peter hin, dessen Pfarrkirche dem Heiligen Petrus geweiht ist. Der Schlüssel ist das Symbol des Hl. Petrus.
Im goldfarbigen Teil des Wappens sind Hammer (= unselbstständig Erwerbstätige) und Pflugmesser (= landwirtschaftliche Betriebe) dargestellt."

Wappen Aspang Markt

Wappen Aspangberg-St. Peter

Die Entstehung von Aspang

Aspang ist wahrscheinlich aus einer Römersiedlung entstanden. Der älteste Ortsteil ist Unter-Aspang, wo Karl d. Große im Jahr **797 nach Christus** ein **Kastell** errichtet haben soll. Die Menschen siedelten sich ursprünglich um das Kastell und die spätere Wehrkirche an. In 2 Schenkungsurkunden aus den Jahren 860 nach Chr. und 890 nach Chr. ist nachzulesen, dass *24 Höfe* von König Ludwig dem Deutschen an das *Stift zu Salzburg* übergeben wurden, die sich im Gebiet um das damalige *Unter-Aspang* in Richtung Zöbern befanden. Unsere Gegend war gerade zu jener Zeit noch sehr dünn besiedelt, sodass vor allem Klöster Interesse an der Ausdehnung ihrer Besitztümer in der Waldmark, der heutigen Buckligen Welt, hatten.

Das Bestreben, den Grenzgürtel gegen das Land der Magyaren zu schließen, oblag demnach fas ausschließlich kirchlichen Organisationen zum Zwecke der Christianisierung. Hinzu kam, dass das kriegerische Reitervolk der Magyaren immer wieder durch Einfälle (etwa 881 nach Chr.) eine dauerhafte Besiedlung der Buckligen Welt zunichte machte.

Erst Graf Gottfried aus dem Geschlechte der Wels-Lambacher besiegte 1042 die Ungarn bei Pitten, weshalb die *Waldmark Pitten* durch Erbfolge an die Herren von *Formbach-Pitten* ging. So konnte in den folgenden Jahrhunderten Land zur Rodung als Dienstlehen verteilt werden.

Damit entstand alsbald ein Wehrgürtel an Burgen zur Grenzsicherung gegen Osten, zu dem auch die Burg Aspang gehörte. Erst nach dem Bau der Burg und wiederholt schweren Überschwemmungen in Unter-Aspang baute man die Häuser in der Nähe des heutigen Schlosses. In diesen etwas höhergelegenen Siedlungen fühlten sich die Bewohner sicherer.

Der **Name Aspang** könnte daher stammen, dass Pferdefuhrwerke, die über den Wechsel kamen, die Pferde aus- oder einspannen mussten. Aus ursprünglich *„Ausspannen"* oder *„Abspannen"* entwickelte sich *„Abspang"* und später *Aspang*.

Wahrscheinlich gab es zeitweilig auch ausgedehnte Wasserflächen zwischen Aspang und Seebenstein, sodass die Kaufleute ihre Waren auf Boote oder Flöße umladen mussten, um sie weiter in Richtung Pitten transportieren zu können.

Eine andere Deutung des Namens liefert M.A. Becker. Aspang könnte auch aus dem althochdeutschen Wort *asp* = Espe (Zitterpappel) und *wang* = feuchte Wiese (Anger) entstanden sein. „Wang" ist heute noch in dem Wort *Wanghof* erhalten geblieben, dessen Gebiet im Bereich der Kreuzung der Wechselbundesstraße mit der Straße nach Feistritz liegt.

Zum **Marktflecken** wurde Aspang **983** durch Herzog Leopold den Erlauchten erhoben, das **Marktrecht** hatte es dann **seit 1308**, wie Marktsiegel von damals zeugen. Das älteste Siegel enthält 2 Anker, was wiederum auf einen Handelsplatz mit Schifffahrt hinweisen könnte.

An einer Pergamenturkunde aus dem *Jahr 1595* hängt das älteste noch im Original vorhandene, in Holz gefasste *Wachssiegel des Marktes Aspang*. Dieses Schriftstück, in dem von der Zahlungsunfähigkeit des Lederers Hansen Knallinger berichtet wird, befindet sich im Besitz des Schlosseigentümers W. Jonke.

Urkunde aus 1595 mit holzgefasstem Wachssiegel des Marktes Aspang

Die **erste urkundliche Erwähnung Aspangs** fällt dann in das Jahr **1220**.

Aspang war selbstverständlich durch alle Jahrhunderte in das historische Geschehen der näheren und weiteren Umgebung eingebunden, wie die ersten Erwähnungen von *Aschpang* (= ***Aspang***) in alten Schriften und Chroniken darlegen.

1145 Hungersnot in Aspang und Umgebung

1210 Edlitz wird Mutterpfarre für Aspang

1220 Pfarrer *„Conradus von Aschpang"* wird in einem Besitzstreit zwischen den Stiften Reichersberg und Vorau als *„Zeuge"* angeführt - Urkunde vorhanden

1222 Herzog Leopold VI. schlichtet einen Streit zwischen dem Kloster Formbach und den Erben von Schrattenstein mit vielen Zeugen aus den umliegenden Burgen, deren Anwesenheit in Aspang im Originaltext einer Urkunde so festgehalten wird : *„Acta sun hec in Aspange..."*

1254 Ein Richter von Aspang ist Zeuge bei der Errichtung der Pfarre Krumbach.

1255 *„Henricus plebanus de Aspang"* wird mehrmals als Zeuge erwähnt.

1255 *„cives in Aschpang"* (= Bewohner zu Aspang) tauchen in einer Urkunde des Stiftes Reichersberg auf.

1279 soll sogar Rudolf von Habsburg auf dem Weg nach Graz mit großem Gefolge in Aspang genächtigt haben.

1295 mussten laut *„Bannbuch des Marktes Aspang"* auf Geheiß des Herzogs Albrecht seine Ritter die *„Grenzen der Landgerichtsbarkeit zu Aspang"* abreiten und festlegen. Das war zugleich die erstmalige Erwähnung des *Neuwaldes,* das ist heute Außer-, Mitter- und Innerneuwald.

1379 blieb Aspang nach dem Länderteilungsvertrag zu Neuberg (Herzöge Albrecht III. und Leopold III.) beim Herrschaftsgebiet Leopold III. - wie Wr. Neustadt, Klamm oder Schottwien

1522 erhielt Aspang die *Mautfreiheit* (Kaiser Friedrich III.) und

1527 das *Mautrecht.*

Einige erwähnenswerte Vorkommnisse aus vergangenen Tagen finden sich in verschiedenen anderen Quellen:

1529 und 1532: Türken fallen auch in Aspang ein, daher gibt es in den Folgejahren eine Befreiung von allen Abgaben. Im Originaltext einer alten Schrift heißt es da:
„...von abghaben frey gehalten whegen den schaden, wheil darein sy vergangener zeit durch gemainer christenheit erbvaind den turggen zu zwaymallen khumen seyn"

1604 *„Heidducken"* (Rebellenheer) des Stefan Bocskai verbreiten Schrecken durch Rauben, Morden, Brennen und Plündern

1809 Einmarsch der Franzosen

1813 Hochwasser in Unter-Aspang - Häuser werden weggerissen, Kirche und Friedhof verwüstet

1831 *Freier Markt Aspang* wird im Schweickhardt (= Buch mit dem Titel „Darstellung des Erzherzogtums Oesterreich unter der Ens") erwähnt

1834 gibt es einen *„hitzigen Scharlachausschlag"*, an dem Pfarrer Höfer, der Kooperator und die Haushälterin sterben

1848 Durchzug von 2000 Mann der kroatischen Armee nach der Schlacht bei Güns (Köszeg)

1864 neuerliches Hochwasser (auch in Mariensee) - alle Brücken zwischen Aspang und Pitten werden weggerissen oder teilweise beschädigt

1915/1916 (1. Weltkrieg): Die „Ersatzbatterie des k. u. k. F. H. Regiments N° 8“ wird von Wien nach Aspang verlegt und in den von der Marktgemeinde aufgestellten Baracken einquartiert. Das geschah am Gelände des jetzigen Aspanger Bades.

1916 erstmals Einführung der Sommerzeit (1. Mai - 30. September). In der Hauptschulchronik schreibt Dir. Karl Gaßner: „Geschäft und Verkehr, Amt und Schule, Arbeit und Erholung, die ganze Lebensführung also, musste sich der neuen Zeitrechnung anpassen.“

1917 gibt es einen Großbrand an der Hauptstraße: Bäckerei Müller und Spenglerei Herbst (Kaufhaus Laschober heute) werden schwer beschädigt.

1944 Abschuss eines amerikanischen Flugzeuges in Innerneuwald

1945 - 1955 Russen in Aspang (Besatzungszone) - Quartier ist das Hotel Post (Ecke Zöbernstraße - Hauptplatz)

Der Hauptplatz vor 1900

Eine alte Ansicht des Marienplatzes

Der Hauptplatz zu Beginn des Postbusverkehrs

St. Peter

Die Geschichte der nächsten beiden Orte reicht weit in die Anfänge der Besiedelung des Gebietes um Aspang zurück.
St. Peter am Neuwald (auch St. Peter am Wechsel) befindet sich in einer Seehöhe von über 880 Metern an den Hängen des Wechsels. Wegen seiner wunderschönen Lage in waldreicher Umgebung war und ist der Ort ein beliebtes Erholungsgebiet.

St. Peter 2010

Menschliches Leben dürfte es auf den Hügeln und in den Tälern des Wechselgebietes schon in der Urzeit (siehe Kapitel Urgeschichtliches) gegeben haben, obwohl erst im Mittelalter von gezielten Rodungen und damit verbundenen Ansiedlungen in der *Waldmark Pitten* berichtet wird. Vor allem die Grafen zu Formbach - Pitten bedienten sich ihrer Ministerialien (Dienstmannen), an die sie das Land zur Rodung als Dienstlehen vergaben.
Zur Grafschaft Pitten gehörten auch Aspang und die ungerodeten Wälder an den Hängen des Wechsels mit der Bezeichnung *Neuwald*.
Strittige Grenzen der Landgerichtsbarkeit Aspang führten deshalb zum „*Ausreiten*" des Gebietes von Neuwald durch Ritter Herzog Albrechts, womit auch die erste Erwähnung, nämlich in einer **Urkunde aus dem Jahr 1295**, gegeben war.
Jahrhunderte später, nachweislich 1607, erscheint Neustift am Almwald erstmals urkundlich.
Lange Jahre war das frühere *Neuwald* (jetzt Innerneuwald, Mitterneuwald, Außerneuwald, Mariensee und St. Peter) Teil der Gemeinde Aspang - Amt, heute gehört es zu Aspangberg-St. Peter. Laut „Historischem Ortsnamenbuch für Niederösterreich" erfolgte die erste Nennung des Ortsnamens *St. Peter am Neuwald* 1420.

St. Peter und Umgebung aus der Luft

Mariensee

In engem Zusammenhang mit den Geschehnissen um *Neuwald* steht auch der kleine Ort Mariensee.
Die Ansiedlung an den Ufern der Großen Pesting gehört zur Gemeinde Aspangberg-St. Peter und liegt in einem Talschluss auf ca. 815 m Seehöhe. Sie ist umgeben von den lang gezogenen Bergrücken des Wechsels und des Kampsteins.
Anfänge einer spärlichen Besiedelung im „*Neuwaldertal*" (= ursprünglicher Name) können wie in *Neuwald* in das 13. Jahrhundert datiert werden.
Anzunehmen ist, dass der Name Mariensee auf den Gründer der Hammerwerke (siehe Kapitel wirtschaftliche Entwicklung) Anton Manz von Mariensee zurückgeht.
Bis zum Ende des 2. Weltkrieges wiesen Bezeichnungen wie „Hammergasse" (für die Ortsstraße) oder „Hammerwiese" bzw. „Gasthaus zur alten Hammergasse" auf das Bestehen der Hammerwerke hin. Die zur Feuerung der Werke verwendeten Holzkohlen wurden in Kohlenmeilern in und um Mariensee erzeugt, wofür wiederum der Rohstoff Holz in dieser waldreichen Gegend Voraussetzung war.
Auch Mariensee wird in vielen Urkunden als Endpunkt des alten Eisenweges von Pitten nach Mariensee erwähnt.
Große Teile des Gebietes Mariensee – Neuwald kamen 1865 in den Besitz der Vorfahren der Familie Schenker. Der Sitz der Gutsverwaltung ist noch heute im Ort Mariensee.

Mariensee anno dazumal

Das Tal von Mariensee Richtung Hochwechsel

Die Pfarrkirche in Unter-Aspang

Unter-Aspang mit Pfarrkirche in einer alten Ansicht

Pfarrkirche Unter-Aspang heute

Pfarkirche Unter-Aspang an der alten Landesstraße

Im Zentrum der Geschichte Aspangs stand von alters her die Pfarrkirche in Unter-Aspang.
Wie schon im Kapitel über den Ursprung Aspangs erwähnt, ist sie auf den Mauerresten eines Kastells Karls des Großen als kleine Kirche errichtet worden. Das Datum der Erbauung fällt in das **9. Jahrhundert** nach Christus.
Der älteste Teil der Kirche ist die Marienkapelle. Sie ist mehr als 1000 Jahre alt und von romanischer Bauart (Rundbau). Das gotische Hauptschiff wurde im 15. Jahrhundert errichtet.
Kirchenpatron ist der Hl. Johannes der Täufer.
Der starke, viereckige Turm diente ursprünglich zur Verteidigung bei feindlichen Angriffen (Wehrkirche), was aber nicht immer von Erfolg gekrönt war, wie spätere Ereignisse dokumentieren. Nach dem Einfall ungarischer Reiterhorden des Stephan Bocskai, der sogenannten Heiducken, und dem Brand von 1604 dauerte der Wiederaufbau bis zum Jahr 1654. Davon zeugt eine Jahreszahl an der Außenmauer der Kirche.
Auch der danebenliegende Pfarrhof und die Schule im Mesnerhaus wurden im selben Jahr ein Raub der Flammen. Aus alten Schriften geht hervor, dass Pfarrhof und Mesnerhaus (mit Schule) erst 1710 bzw. 1712 unter Pfarrer Mayr wieder ihrer Bestimmung übergeben wurden.
Die Innenausstattung der Kirche veränderte sich einige Male, zum Beispiel durch die Errichtung der Seitenaltäre um 1700 und die Umbauten von Hochaltar und Chor 1898.
Im Turm befinden sich 4 Glocken, von denen die Sterbeglocke die älteste ist.
Innerhalb des umzäunten Friedhofes, neben der Kirche, steht die frühgotische, sechseckige Magdalenenkapelle aus dem 13. Jahrhundert. Sie dürfte wohl als Kapelle und nicht wie häufig erwähnt als Beinhaus verwendet worden sein. Seit 1968, dem Jahr der Außenrenovierung der Kirche und der Kapelle, ist sie *Aufbahrungshalle.*
Im Zuge dieser Renovierung wurde auch die Sonnenuhr, die an der Außenmauer der Kirche angebracht war, abgenommen.
An der äußeren Friedhofsmauer befindet sich das von der damaligen Gemeinde Amt Aspang errichtete Kriegerdenkmal zum Gedenken an die Gefallenen der beiden Weltkriege.
Die Pfarre Aspang war bis zum Jahr 1950 eine Pfarre mit der Pfarrkirche in Unter-Aspang und der Filialkirche zum

Hl. Florian in Ober-Aspang. Im genannten Jahr wurde die erstmals 1785 angestrebte Trennung in 2 Pfarren endgültig durchgeführt.
Seit der Errichtung einer Pfarre um das Jahr 1000 wirkten viele Pfarrer in Unter-Aspang. Leider ist die Aufzeichnung derer bis zum Jahr *1725* unvollständig, da weder in alten Schriften noch in den Matrikelbüchern oder den Urkunden des Stiftes Reichersberg lückenlose Angaben gemacht wurden.

Magdalenenkapelle (Aufbahrungshalle)

Kriegerdenkmal Unter-Aspang

Die Pfarrer der Pfarre Unter-Aspang

1220	Conradus Plebanus de Aspang
1255	Henricus Plebanus de Aspang
1387	Christian der Wagengel, Pfarrer zu Aspang
1392	Stephan Pfarrer zu Aspang
1393	Georgius Zaler
1424	Andreas Haurisser
1502	Johann Antesner
1563	Georgius Budakles
um 1575	Pfarrer Sebastian Lichtenberger
1645 - 1667	Wilhelm Mayr (Mag.)
1667 - 1677	Johann Simon Wurmbrand (Mag.)
1678 - 1684	Jonas Franz Elenson
1684 - 1697	Jakob Sverekar
1698 - ?	Lukas Cimpitz
1704 - 1706	Matthias Kreut(?)
1706 - 1725	Johann Mayr
1725 - 1752	Johann Georg Zögger
1752 - 1761	Johann Bernhard Wohlfertsperger
1761 - 1771	Franz Eder
1772 - 1802	Joseph Mayrhold
1802 - 1813	Michael Hofstätter
1813 - 1826	Martin Köstler
1826 - 1827	Johann Perathoner
1828 - 1834	Johann Höfer
1834 - 1852	Simon Schwarz
1852 - 1894	Florian Polifka
1894 - 1913	Johann Riegler
1914 - 1937	Josef Pürrer
1937	Josef Brantner - Provisor
1937 - 1949	Leopold Reithmeier
1950 - 1971	Alois Werbik
1971 -	Geistl. Rat Franz Kager

Ein sehr altes und wertvolles Dokument im Original ist im Besitz der Pfarre Unter-Aspang, das von der Ernennung eines Pfarrers berichtet. In diesem Schreiben vom 23. Juli 1502 ersucht der damalige Prälat des Stiftes Reichersberg den Erzbischof von Salzburg, den *„Hochwürdigen Herrn Johannes Antesner"* zum Pfarrer der *„Pfarre zum heiligen Johannes dem Täufer in Aspang"* zu ernennen. Das ist dann auch tatsächlich geschehen wie aus der Liste der Pfarrer in Unter-Aspang zu ersehen ist.

Die Pfarre Aspang gehörte zu jener Zeit zum Stift Reichersberg am Inn, welches wiederum der Diözese Salzburg unterstand.

Ein Auszug aus dem Original mit oberflächlicher Übersetzung von Textstellen, in denen der Bezug zu Aspang gegeben ist, kann dankenswerter Weise hier veröffentlicht werden.

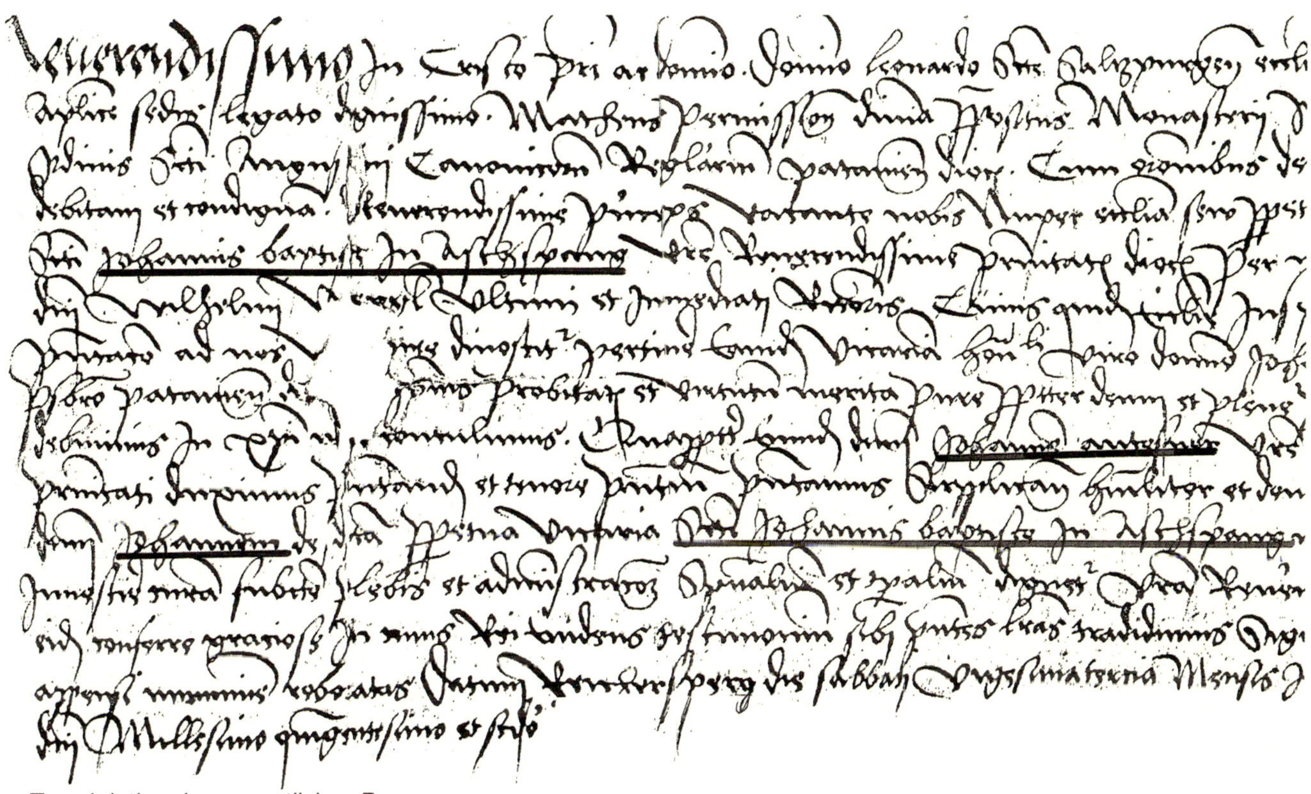

Transkription der wesentlichen Passagen:

4. und 5. Zeile: Die herrenlose Kirche des heiligen Johannes des Täufers zu Aschpang

9. Zeile: Johannes Antesner (Priester der Diözese Passau)

11. Zeile: besagte Kirche Johannes des Täufers zu Aschpang

Urkunde aus 1502

Die Kirche in Ober-Aspang

Pfarrkirche mit Zwiebelturm um 1890

Pfarrkirche heute

Ober-Aspang hatte seit dem **12. Jahrhundert** eine Kapelle, die dem Hl. Florian geweiht war und als **Filialkirche** von Unter-Aspang mit zu den Pfarren des Stiftes Reichersberg am Inn in Oberösterreich gehörte.
Um **1503** wurde die **Kirche** erbaut und nach dem Abriss der Schlosskapelle (1502) bis 1628 vornehmlich als „*Schlosskirche*" verwendet.
Nach Angaben eines Chronisten soll Simon Gerengel - „Beneficiat an der Florianikirche zu Aspang" - 1551 zur evangelisch lutherischen Glaubensgemeinschaft gehört und öffentlich diesen Glauben gepredigt haben. Der aus Pottschach stammende Hilfsgeistliche reformierte seine Anhänger in Aspang und Umgebung, ehe er 1554 vom Salzburger Bischof in deutsche Lande vertrieben wurde. Somit war Ober-Aspang von 1590 bis 1694 evangelische Gemeinde. Da auch der damalige Besitzer der Herrschaft Aspang, Erasmus von Königsberg, und viele Bewohner

Pfarrkirche nach der Renovierung

Aspangs Anhänger der neuen Lehre waren, fanden angeblich schon ab 1575 die protestantischen Gottesdienste in der Florianikirche statt. Während dieser Zeit der Reformation waren Unter- und Ober-Aspang pfarrlich getrennt.

Im Jahr 1575 bemächtigte sich Erasmus von Königsberg der Florianikirche in Ober-Aspang und schloss mit der Aspanger Bürgerschaft einen Vertrag, demnach er und seine Nachkommen sich verpflichteten, einen *„Prädikanten der Augsburger Konfession“* anzustellen. Dieser sollte *„den Gottesdienst dem rainen und lautern Wort Gottes gemäß in allen Dingen mit vleiss verrichten.“* So kam als erster ein Prädikant namens Paulus nach Ober-Aspang. Pfarrer Sebastian Lichtenberger wurde entlassen, die Pfarren Ober- und Unter-Aspang getrennt und Erasmus von Königsberg nahm Wiesen und Gärten vom Gute der Kirche sowie 4 Kelche und den Ornat an sich. Sogar die Glocken soll er auf den Turm des Schlosses versetzt haben. Sein Erbe Christoph von Königsberg bemächtigte sich danach auch noch des Friedhofes.

Dennoch hielten sich auch die Katholiken tapfer in Aspang, wie ein interessanter Vorfall aus 1594 belegt:

Als am Florianitag die Pfarrer von Aspang, Zöbern und Lichtenegg den herkömmlichen Bittgang zur Florianikapelle

Pfarrkirche Ober-Aspang

abhielten, ließ Christoph von Königsberg die Prozession sprengen. Die Katholiken verprügelten daraufhin die Lutheraner und selbst der Königsberger wurde vom Pfarrer von Lichtenegg vom Pferde gerissen und „jämmerlich karbatscht".
Als Folge dieser unliebsamen Begegnung von Katholiken und Protestanten musste laut Geheiß des Christoph von Königsberg der *„Prädikant Paulus verschwinden"*.
Der Königsberger stellte stattdessen Nicolaus Hacus aus Thüringen, einen Flazianer, an. Die Flazianer waren wiederum eine Sekte der Lutheraner unter Mathias Flacius, einem Schüler Luthers. Der eifrige Prediger Hacus verbreitete die neue Lehre bald über die gesamte Bucklige Welt und dehnte sie sogar auf die Besitzungen der Königsberger im benachbarten Westungarn aus.
Zu Beginn des Dreißigjährigen Krieges (1618-1648) erfolgte auch in Aspang und Umgebung ein allmähliches Ende des Protestantismus. Im Jahr 1625 waren zum Beispiel nur noch einige Schuhmacher und ihr Innungsmeister lutherisch.
1628 musste Wolf Matthäus von Königsberg *„zufolge kaiserlichen Befehles dem katholischen Pfarrer zu Unter-Aspang die entzogene Filialkirche St. Florian in Aspang unter großem Geseufze und Herzeleid durch seinen Verwalter übergeben"*.
Das bedeutete, dass der Zusammenschluss von Filialkirche und Pfarre besiegelt war.
2 Jahre später ersuchte die Bürgerschaft von Aspang nach Entlassung des Prädikanten und des evangelischen Schulmeisters den Pfarrer von Bromberg um Anstellung eines katholischen Schulmeisters, *„damit die Jugend in Gottesfurcht und Ehren"* aufwachse.
Da Bromberg für viele Pfarren der Buckligen Welt *Mutterpfarre* war, oblag ihr die Besetzung der zugehörigen Pfarreien mit katholischen Predigern und Lehrern.
Alsbald wurden auch die letzten lutherischen Anhänger abtrünnig und so überdauerte die Pfarre Aspang mit der Hauptkirche in Unter-Aspang und der Filialkirche in Ober-Aspang Jahrhunderte.
1950 kam es schließlich zur **Teilung in zwei selbstständige Pfarren**.
Die Liste der in Ober-Aspang wirkenden Pfarrer ist daher dementsprechend kurz:

Pfarrer in Ober-Aspang

1951 - 1969 Geistl. Rat Otto Tomanetz, Dechant (Adaptierung des Pfarrhauses und Kirchenrenovierung über mehr als 10 Jahre.)

1969 - 1989 Geistl. Rat Walther Kratzer

1989 - 2007 Dr. Gottlieb Felix, Dechant (1995 neuerliche Innenrenovierung der Kirche)

seit 2008 Pfarrer Jan Schaffarzyk

Der Baustil der Kirche wurde durch einige Zu- und Umbauten verändert.
Sie steht heute im wesentlichen als dreischiffige, spätgotische Hallenkirche da, deren Hauptportal sowie die Seitenemporen Ende des 19. Jahrhunderts auf neugotisch abgeändert wurden.
Auch der vorhandene *Zwiebelturm* wurde ungenauen Angaben zufolge entweder *1891 oder 1893* durch den heutigen ersetzt, damit er *„zum Schloss passte"* .
Die Innenausstattung wird überragt von einem barocken Hochaltar und im Original erhaltenen barocken Stuckarbeiten im Presbyterium. Sie beinhaltet auch das Wappen des Georg Leonhard Königsberg (gestorben 1622), ebenso das des Karl von Pergen (1655) und des Johann Baptist von Pergen (gest. 1742). Obige Wappendarstellungen in der Kirche liefern einen zusätzlichen historischen Nachweis für die genanntenEigentümer des Schlosses in Aspang.
Die letzten Adeligen derer von Pergen liegen übrigens in der Gruft an der Rückseite der Pfarrkirche zu Ober-Aspang begraben.
Weitere nachhaltige Renovierungen im Innernraum der Kirche gab es 1955 (Hochaltar) und 1995 (Innenausstattung).
Am Eingang zum Friedhof findet man das 1923 errichtete Kriegerdenkmal, das sich davor einige Jahre im Teichgelände befand.
Im heutigen Pfarrhof waren in alter Zeit die Pfarrschule (siehe Kapitel VS Ober-Aspang) und später - nach 1882 - ein Armenhaus untergebracht.

Kriegerdenkmal in Ober-Aspang

Die Pfarrkirche zu St. Peter am Neuwald

Die bestehende Pfarrkirche ist dem Hl. Petrus geweiht. Sie verdankt ihre Entstehung angeblich einer Holzstatue dieses Heiligen, die unterhalb des heutigen Pfarrhofes gefunden wurde. Ursprünglich errichtete man eine Holzkapelle für die Petrusstatue, die später durch eine gemauerte im gotischen Stil ersetzt wurde. Nicht nachgewiesen werden kann, ob der Bau identisch mit dem heutigen Presbyterium ist, jedoch sehr wohl, dass diese Kapelle zum Angerhof (heutiger Peterwirt) gehörte.
Ein Ablassbrief aus dem Jahr **1475** auf *„Bitten des Laien Johann Konrad"* soll die **erste urkundliche Erwähnung** der *Kapelle des Hl. Petrus* sein. Dieses Jahr kann als das der Einweihung des Gotteshauses angenommen werden. In den Anfängen unterstand die Kirche dem Chorfrauenstift zu Kirchberg am Wechsel.
Nachdem 1554 das Kloster noch einmal von der Pest heimgesucht wurde und mehrere Personen starben, flohen die Priorin Margareta Handl und die Dechantin nach St. Peter am Neuwald, wo sie *„einige Tage in der dortigen Kapelle"* wohnten. Bei ihnen waren noch der Schulmeister Augustin, ein Priester namens Valentin und ein Tischlergeselle.
Mehr als 200 Jahre betreuten die Chorfrauen ohne Unterbrechung *„die Pfarrei St. Peter"*, an die 1702 sogar eine *Altarsstifung* mit Hilfe des Klosters in Kirchberg erging.
1783 bekam St. Peter den ersten eigenen Pfarrer, blieb jedoch trotz allem viele Jahre Filialkirche von Kirchberg am Wechsel.
Von **1852 bis 1975** war St. Peter schließlich **selbstständige Pfarre** (siehe Liste der Pfarrer von St. Peter am Neuwald).
Das Einsetzen eines Pfarrers 1783 hatte auch einen bemerkenswerten Um- und Zubau der bestehenden Kirche zur Folge. Der gotische Brunnen mit der Pieta hinter dem Altar kam weg, ein Zubau beim Eingang wurde gemacht und der gotische Chor erhöht. Den Kirchturm erweiterte man auf die nun bestehende Gesamtgröße, und der Bergfriedhof entstand in seiner heutigen Form.
Über der *Sakristeitür* ist der *Kopf des Hl. Petrus* zu sehen, der möglicherweise von der aufgefundenen Originalstatue stammt.
Die *Orgel* der Pfarrkirche wurde *1836 vom Orgelbaumeister Stefan Hechinger* errichtet.

Pfarrkirche St. Peter einst

Im 19. Jahrhundert wurde wieder einmal die Orgel renoviert, die Fenster bunt verglast und auch das Vorhaus mit der Chorstiege angebaut.
Mit der Entstehung des Kreuzweges 1884 und der Rosenkranzkapellen 1878–1882 erhielt die Pfarre einzigartige und sehenswerte Kulturdenkmäler.
Einige Jahre nach Beendigung des 1. Weltkrieges, nämlich im Jahr 1923, entschloss man sich zum Bau des Kriegerdenkmals an der Außenseite der Friedhofsmauer.
Die vorläufig letzte Generalsanierung im Innenraum der Kirche (Altäre, Statuen, Boden, Bänke usw.) fällt in das Jahr 2006.
Seit *1975* hat St. Peter *keinen eigenen Pfarrer* mehr, es wird seelsorglich von Unter-Aspang betreut.

Pfarrkirche St. Peter mit Kriegerdenkmal

Die Pfarrer von St. Peter am Neuwald

1783 - 1785 - 1798	Christof Rella	1886 - 1892	Franz Stöger
1798 - 1826	Jakob Waldbauer (?)	1892 - 1901	Josef Mäusl
1827 - 1835	Joseph Keipert	1901 - 1909 (?)	Maximilian Schamp
1835 - 1843	Joseph Novak	1911 - 1917	Adolf Schenk
1843 - 1852	Georg Kochrer	1917 - 1952	Matthias Luef
1852 - 1873	Johannes Fink	1952 - 1975	Herbert Gold
1873 - 1886	Heinrich Raab	1975 -	GR Franz Kager

Die Volksschule Unter-Aspang

Unter-Aspang mit dem alten Volksschulgebäude

Hinweise auf die Entstehung der Schulen in Aspang findet man in der Pfarrchronik von Unter-Aspang und in den viel später entstandenen jeweiligen Schulchroniken. Beim Lesen und Vergleichen sämtlicher alter Schriften tauchte ein interessanter Eintrag auf, der über das Bestehen einer Schule zu Unter-Aspang in ihren Anfängen so ganz nebenbei berichtet: Demnach sollen um das Jahr 1604/05 mit dem Einfall ungarischer Rebellen nicht nur die Kirche und der Pfarrhof, sondern auch die Schule zu Unter-Aspang niedergebrannt worden sein. Da sich das *„Schulhäusl"* unmittelbar neben der Kirche und dem Pfarrhof befand, ersuchte um das Jahr 1711 der damalige Pfarrer Mayr *„das Schulhäusl wieder herstellen zu dürfen"*. Allerdings fehlte das nötige Geld dazu, und so wurde vorläufig weiter in einem Privathaus unterrichtet.
1712 konnte endlich die neue **Schule,** später als Mesnerhaus verwendet, gebaut werden.
Aus 1833 gibt es Aufzeichnungen, wonach in Unter-Aspang das *„Schulhaus verfallen sey"*, daher alle Schüler *„damals den weiten Weg in die Pfarrschule nach Ober-Aspang"* gehen mussten (= heute Pfarrhof in Ober-Aspang).
Aus der ältesten an der Schule sich befindenden *„Chronik der Volksschule Unter-Aspang, I. Band – bis 1912"* geht hervor, dass es vor dem Jahre 1830 *„mit dem Unterrichte schlecht bestellt war."* Ein Jahr darauf wurde alsdann die Errichtung eines Schulhauses angeordnet. Dies ist unter anderem in einem *„Roboth-Büchel"* zum Schulbau 1832/33 festgehalten.
So bezeichnete man ein kleines Buch mit Aufzeichnungen über Abgaben und Leistungen sowie Fleiß und Einsatz der am Bau beteiligten Bevölkerung.
Über Lehrer, die in der Zeit vor Einführung der allgemeinen Schulpflicht an den verschiedenen Standorten der Schule in Unter-Aspang unterrichteten, sind nur lückenhafte Aufzeichnungen zu finden. Bekannt ist, dass viele Jahre ein *„Meßnergehilfe als erster Schulgehilfe"* hier wirkte. Sein Name war Wendelin Zobel.
Mehr als 50 Jahre versah danach Herr Oberlehrer Leopld Hauer an der *„Exkurrendo-Schule"* zu Unter-Aspang mit vielen verschiedenen Unterlehrern, respektive Schulgehilfen, seinen Dienst.
Die Umgestaltung der Exkurrendo Schule zu Unter-Aspang in eine selbstständige zweiklassige Schule mit Turnplatz und Schulgarten (siehe „Teilung des Schulsprengels") erfolgte nach dem Bau und der Eröffnung derselben im Jahr **1882.**
Oberlehrer Wenzel Piley war der erste ernannte Lehrer, der die ganztägig geführte Schule mit 145 Schülern 1882/83 leitete.
Hier die Originalunterlagen zum Schulbau, beginnend mit der Teilung des Schulsprengels im Jahr 1879:

Teilung des Schulsprengels:

An den Ortsschulrath in Aspang.

Der h. kk. Landesschulrath hat mit Erlaß vom 26.März 1879 Zahl 986/LSR. die Theilung des Schulsprengels Aspang und dio Umgestaltung der bisherigen Exkurrendoschule in Unter-Aspang in eine ***selbständige zweiklassige Schule*** *unter nachfolgenden Bedingungen bewilligt:*

1) *Hat die neue Schulgemeinde Unter-Aspang bezüglich ihrer Volksschule die sämmtlichen im §60 des Reichsvolksschulgesetzes vom 14.März 1869 und in den §§15 und 34 des n.ö. Landesgesetzes vom 5.April 1870 No 34 und in der Verordnung des kk. Landesschulrathes vom 5. Jänner 1874 Z 3145 bezeichneten Verpflichtungen zu erfüllen.*
2) *Die zu errichtende Schule wird in die III. Gehaltsklasse eingereihht.*
3) *Hzat in der neuen Schule in Unter-Aspang der gnztägige Unterricht stattzufinden.*
4) *Der neue* ***Schulsprengel Unter-Aspang*** *folgende Theile des bisherigen Schulsprengels Aspang zu umfassen:*
   a) *den ganzen derzeit nach Aspang eingeschulten Theil der Katastralgemeinde Krottendorf (Gmde Feistritz) und der Katstralgemeinde Thomasberg.*
   b) *jenen Theil der Katastralgemeinde Aspang, welcher durch einen bei der Parzelle No 423 beginnende, längs dieser Parzelle bis zur Wegparzelle dann an der Bezirksstraße bis zum Werkkanale, sodann an dem Werkkanale bis zum Pöstlingbache laufende und nach Uebersetzung desselben lämngs der Parzelle No 221 bis zur Grenze der Katastralgemeinde Kleinamt sich hinziehende Grenzlinie in der Weise von dem alten Schulsprengel Aspang getrennt wird, daß alle anderen diesseits der Grenzlinie gelegenen Parzellen der Katastralgemeinde Markt Aspang nach Unter-Aspang kommen.*
   c) *endlich jenen Theil der Katastralgemeinde Kleinamt, welche von dem alten Schulsprengel durch eine dort, wo das sogenannte Hottmannsgrabel oder Bächlein die Gemeindefreiheit von Kleinamt verläßt, und das Gebiet von Markt Aspang betritt, bis zur Grenze der Katastralgemeinde Feistritz und die rechts davon gelegenen Parzellen zum neuen Schulsprengel fallen.*

Hiervon erfolgt die Verständigung mit dem Beisatze, daß der Schulsprengel erst nach vollständiger Herstellung und Einrichtung eines Schulgebäudes sammt Turnplatz und Schulgarten in Wirksamkeit treten kann, und daß wegen der Wahl eines Ortsschulrathes die weitere Verfügung erfolgen wird.

Bezirksschulrath Neunkirchen den 4. April 1879
Der kk. Bezirkshauptmann
als Vorsitzender
Pfersmann

Teilung des Schulsprengels (Chronikauszug im Originaltext)

Der Schulbau

Nach Überwindung der großen Probleme zur Findung eines geeigneten Bauplatzes und Einreichung von Bauplänen wurde die Baubewilligung erteilt und in der „Charwoche 1881 wurde die Grundfeste ausgehoben." Unter der tüchtigen Leitung des Bauführers H. Rebhaun schritt der Bau rasch vorwärts. Das Haus wurde am 21. Oktober durch eine behördliche Commissioncollaudiert und unter No 14093 die Bewilligung zur Benützung des Gebäüudes ertheilt.
*Am 10. Februar 1882 inspizierte Se. Hochwohlgeboren der kk. Herr Bezirkshauptmann die Schule zu Unter-Aspang und übergab dem zum Oberlehrer ernannten Klassenlehrer **Wenzel Piley** das Anstellungsdekret.*

Am 12. Februar fand die Einweihung und Eröffnung der neuerrichteten Volksschule statt.

Die zweiklassige Volksschule in Unter-Aspang umfaßte im Schuljahr 1882/83, das am 1. April 1882 begann, folgende Schülerzahlen:
145 Schüler = 61 Knaben und 84 Mädchen

Auf die erste Klasse entfielen	***77 Schüler = 29 Knaben und 48 Mädchen***
Auf die zweite Klasse entfielen	***68 Schüler = 32 Knaben und 36 Mädchen***
Osterferien :	5. – 13. *April*
Pfingstferien:	29.- 31. *Mai*
Schulnachrichten pro I. Quartal:	1. *Juli*

Chronikauszug im Originaltext

Leider ging in den Kriegsjahren *1938–1944/45 der 2. Teil der Schulchronik verloren*, sodass Aufzeichnungen erst wieder ab 1944/45 vom späteren Direktor Leopold Tobler im 3. Band der Chronik vorhanden sind.
In den darauffolgenden Jahrzehnten wurde die Volksschule Unter-Aspang zu einer Schule mit stetig steigenden Schüler- und Klassenzahlen.
Bis zum Schuljahr 1955/56 wohnte für gewöhnlich der Schulleiter (damals VD Leopold Tobler) mit Familie in einer eigens dafür vorgesehenen Wohnung im Schulhaus.
Als diese Lehrerdienstwohnungen aufgelassen wurden, entstanden daraus Klassen- und Lehrmittelzimmer.
Im Laufe der Jahre wurden einige Um- und Zubauten am Schulhaus durchgeführt.
1961 erhielt das Schulhaus zum Beispiel eine Zentralheizung und 1965 gab es eine große Außenrenovierung. Im Zuge dieser Neuerungen gestaltete man auch den Schulgarten um.
Eine wesentliche Veränderung des Schulgartens ergab sich im Herbst *1976*, als der *Brunnen* neben dem Schulhaus gegraben wurde. Das Wasser dieser Quelle wird noch heute in die bestehende Ortswasserleitung eingespeist.
Lange Zeit besaß die VS Unter-Aspang keinen geeigneten Turnsaal, bis **1986 mit dem Um- und Zubau** die Schule in ihrem heutigen Erscheinungsbild entstand. Nach zweijähriger Bauzeit erfolgte1988 mit einem Festakt die feierliche Einweihung.
Seit dem Jahr 1979 gibt es an der VS Unter-Aspang einen Elternverein, der immer sehr aktiv am Schulgeschehen beteiligt war und ist.

Der Schulgarten wurde 2003 abermals verändert, da Gartentische angeschafft und der Belag der Laufbahn bei den Sportanlagen erneuert wurde.
Im Schuljahr 2006/07 erfolgte schließlich in Zusammenarbeit mit dem Spielplatzbüro des Landes NÖ eine völlige Neugestaltung des *Freiraumes im Schulgarten*. Es entstand ein Sinneslehrpfad und zur Bewegungsförderung wurden Spielgeräte angekauft.
Im selben Jahr pflanzten Schüler und Lehrer einen Baumlehrpfad, dem eine besonders nachhaltige Bedeutung zukommt. Mit dem *Projekt Baum* wurde unsere Volksschule eine von wenigen *PILGRIM-Schulen* in Österreich, dic sich zum Ziel die Erhaltung ökonomischer, ökologischer und ethischer Werte setzen. Das Zertifikat dazu liegt in der Schule auf.
Im Anhang findet sich nun eine Auflistung von Lehrern und Leitern an der Volksschule Unter-Aspang, soweit sie in den wenigen vorhandenen Unterlagen recherchiert werden konnten.

Lehrer und Leiter bzw. Direktoren an der Volksschule Unter-Aspang

Bis 1828	erteilte der *„Pfarrmessner"* Anton Plohberger, auch Weber, Unterricht in Unter-Aspang
1832 - 1843	Wendelyn Zobel (war *„Maurer und Messnergehilfe"*)
1843 - 1872	Leopold Hauer - erster Leiter Als Lehrer versahen zu jener Zeit Dienst: L. Hauer jun. (Gastwirt zu Ober-Aspang, Karl Hauer (Organist in Unter-Aspang), Christian Schwarz (kk Bezirksschulinspektor), und andere
1872 - ?	Michael Schwinger
1880 - 1906	Wenzel Piley
1906 - 1909	Anton Kofler (erste Allgemeinrenovierung der Schule während seiner Amtszeit)
1909 - ?	Klemens Dolak
1913	letzte Chronikeintragung

1945 - 1946	Prov. Leitung Hermine Krause	1976 - 1984	VD Christa Wiesbauer
1946 - 1972	OSR VD Leopold Tobler	1984 - 1987	VD Erna Walla
1972	VHL Johanna Gauster	1987 - 2000	VD Margarete Auerböck
1972 - 1976	VD Bruno Pagac	2000 -	VD Brigitta Glatz

Volksschule Unter-Aspang im Jahr 2010

Die Volksschule Ober-Aspang

Volksschule Ober-Aspang

Wieder einmal lässt sich die Entstehung einer Schule nicht genau nachvollziehen, da es an den erforderlichen Quellen mangelt.

Eine „*Schule in Ober-Aspang*" dürfte jedoch schon um **1600** bestanden haben, weil in „*Überresten von Urbarien*" (= Abhandlungs- und Vertragsprotokolle) „*Zeugen eines Schulwesens*" eingetragen sind. Meist wurden diese Zeugen als Vertragsunterzeichner mit Angabe des Berufes erwähnt.

In der Sterbematrik von Ober-Aspang, die bis 1654 zurück verfolgt werden kann, scheint 1658 ein Schulmeister namens Jakob Schenstain auf. Die Schule befand sich stets im Haus Nr.1 neben der Kirche (später Armenhaus, heute Pfarrhof).

1855 soll auf das alte Schulgebäude ein Stockwerk aufgesetzt und 1868 nach einem Ausbau die Agenden der *Schule von der Kirche getrennt* worden sein.

Laut Nemeczek - Chronik hat es in Aspang nach 1872 noch eine „*Pfarrschulgemeinde*" mit nachgewiesener Zuteilung von vielen umliegenden Rotten gegeben, dann erst wurde das Schulwesen von der Kirche getrennt.

Der Lehrer Michael Schwinger wurde im Jahr 1872 zum *Oberlehrer* ernannt, womit ihm eine ähnliche Funktion wie einem heutigen Schulleiter zustand. Er gründete nebenbei einen Gesang- und Musikverein. Nach dem verdienten Oberlehrer benannte man die Schwinger-Promenade parallel zur Zöbernstraße auf der anderen Seite des Ungerbaches.

Ein Jahr später konnte die erste Volksschulbibliothek eingerichtet werden.

Die Notwendigkeit, ein größeres Schulhaus zu errichten, ergab sich 1881. In diesem Jahr war Baubeginn für die Schule am sogenannten *Spitzergrund,* auf dem diese noch heute steht.

1882 erfolgte bereits die Eröffnung der neuen **Schule** zeitgleich mit der Teilung des Schulsprengels in Ober- und Unter-Aspang.

Ab dieser Zeit wurden keine Aufzeichnungen über besondere Vorkommnisse an der Schule bis zum Jahr 1939 gefunden. Chronikberichte gibt es erst wieder ab dem Jahr 1939/40.

Während beider Weltkriege hing die Nutzung des Schulgebäudes eng mit dem der Hauptschule zusammen .So wurde das Gebäude unterschiedlichsten Verwendungszwecken zugeführt:

1939 war es zum Beispiel unbenutzt bereitgestelltes Flüchtlingslager, 1944 kam es zum Ausbau der Luftschutzräume, 1945 diente es als Lazarett.

Über das Ausmaß der Beschädigungen am Gebäude und den Verwüstungen in demselben während des 2. Weltkrieges wird erst ab 1949 in der Schulchronik berichtet. 1944–1949 gab es leider auch in dieser Chronik keine Aufzeichnungen.

Bis zum Jahr 1965 bewohnte der jeweilige Leiter der Schule eine Wohnung im Schulhaus, danach stand diese für den Ausbau von Klassenzimmern zur Verfügung.

Schließlich erfolgte 1976 nach einem größeren Schulumbau die Verbindung der Gebäude von Volks-und Hauptschule.

Eine spürbare Veränderung in das tägliche Schulgeschehen brachte die Auflösung der Schule in Mariensee im Jahr 1975 (siehe dort). Deren Schüler waren von da an dem Schulsprengel der Volksschule Ober-Aspang zugeteilt und hatten diese nun zu besuchen.

Volksschule Ober-Aspang

In den vielen Jahren des Bestehens der Schule haben sich die Klassen- und Schülerzahlen oft geändert. Heute ist die Volksschule Ober-Aspang eine vierklassige Schule.

Die Schulleiter und Direktoren der Volksschule Ober-Aspang

In der Sterbematrik der Pfarre Ober-Aspang wurden als *„Schulmeister“* erwähnt.

1658	Schenstein - „Schulmeister, da seine Frau starb“
1664	Brigitte Ramstumerin - *„Witwe und geweste Schulmeiserin vor 24 Jahren“*
1664	Jakob Schenstein *„gewester Schulmeister allhier in die 29 Jahre“*

Von etwa 1733-1872 stand der Name Hauer (z.B. Leopold Hauer, gest. 1780) an erster Stelle des Schulwesens (siehe VS Unter-Aspang)

1872 - 1904	Oberlehrer Michael Schwinger
1904 - ?	Oberlehrer Josef Scherf
bis ca. 1923	Oberlehrer Josef Mihatsch
1933 - 1938	VS und HS gemeinsam Direktor Gustav Hallamar
1938 - 1945	Oberlehrer Josef Peisteiner
1945 - 1947	Oberlehrer Hermine Krause (war bereits in Pension)
1947 - 1948	Oberlehrer Anton Rehberger
1949 - 1970	Direktor Johann Wenz
1971 - 1977	VD Rosa Kurzreiter (OSR Tobler 1972 VD)
1978 - 1984	VD Walter Perr
1984 -	OSR VD Brigitte Haag

Im Gebäude der Volksschule Ober-Aspang befindet sich seit Jahren eine heute einklassig geführte

Allgemeine Sonderschule

Im Jahr *1950* errichtete Frau Erna Rapf als Lehrerin die erste *Hilfsklasse* im Bezirk Neunkirchen. Sie war der Volksschule in Ober-Aspang angeschlossen .
Mit dem Jahr 1955 gab es zusätzlich eine zweite Klasse und gleichzeitig erfolgte die Umbenennung in *Sonderschulklasse.*
Die selbstständige *Allgemeine Sonderschule Aspang* besteht seit dem Schuljahr 1973/74.
Diese besondere Schulform wurde seither mit einer unterschiedlichen Anzahl von Klassen geführt. In diesem Schuljahr ist sie einklassig. Vorübergehend war diese Schule auch Sonderpädagogisches Zentrum.
Folgende Lehrer oder Schulleiter waren all die Jahre an dieser Schule tätig:

1955 - 1973	SHL Gertraud John
1973 - 1983	SD OSR Christina Herbst
1983 - 1988	SD OSR Josef Schwendt
1988 - 1996	SD OSR Anna Ostermann
1996 - heute	SD Anna Zwerger

Die Hauptschule Aspang

Hauptschule Aspang nach der Erbauung

Hauptschule Aspang heute

In der Roseggergasse 3 in Ober-Aspang steht die Hauptschule Aspang, die von vielen unserer Schüler nach der Volksschule besucht wird.
Sie trug anfangs den Namen *„Bürgerschule"*, wie im ersten Satz der Schulchronik nachzulesen ist: *„Die Kaiser Franz Josef I. Jubiläums-Bürgerschule wurde anlässlich des 60 jährigen Regierungsjubiläums des Monarchen gegründet. Das war* ***1909.****"*
Am Gang des Schulhauses sieht man heute noch eine Gedenktafel zur Erinnerung an dieses Ereignis. Anfangs durften nur Knaben die **Bürgerschule** besuchen, ab 1910 auch Mädchen. Während des ersten Weltkrieges, genauer im Jahr 1916, wurde das Schulgebäude zum *„Marodenhaus für Soldaten"* umfunktioniert und der Unterricht in der Volksschule erteilt. Solch schulfremden Verwendungszwecken widmete man das Gebäude auch während des 2. Weltkrieges.
Interessant ist, dass trotz steigender Bevölkerungszahlen und Änderung des Schulsprengels erst viele Jahre nach der Gründung, nämlich im Schuljahr 1927/28, die Hauptschule 4-klassig geführt werden konnte.
Die aus heutiger Sicht etwas ungewöhnliche gemeinsame Leitung von Volks- und Hauptschule bestand von der Eröffnung weg bis zum Ende des Jahres 1938. Dann erst wurde die Trennung in der Leitung der beiden Schulen vollzogen.
Der erste Zu- und Umbau erfolgte 1939/40, ein weiterer 2 Jahre später.
Während des 2. *Weltkrieges 1943/44* adaptierte man einen Kellerraum im damaligen Hauptgebäude als *Luftschutzkeller* und richtete vorübergehend 1944/45 in der Schule ein *russisches Lazarett* ein.
Nach mehreren Zu- und Umbauten (1959, 1965/66 sowie 1975/76) wurde auch die Außenfassade des alten Teils der Schule 1998 erneuert. Seither hat das riesige Gebäude der Volks- und Hauptschule seine jetzige Außenansicht.
Mit Beginn des Schuljahres 1966/67 wurde der nunmehr 4 klassigen Hauptschule ein **Polytechnischer Lehrgang** angeschlossen, der heuer 2 Klassen umfasst.

Leiter und Direktoren der Schule von 1909 - 2010

1909 - 1911	Adolf Pilz
1911 - 1912	Karl Gaßner (prov. Leiter)
1912 - 1915	Eduard Reimoser
1915 - 1932	Karl Gaßner
1933 - 1938	Gustav Hallama
1938 - 1944	Karl Strondl
1945 - 1947	Hermine Krause (prov. Leiterin)
1947 - 1967	OSR Eduard Lurger
1967 - 1979	OSR Wilhelm Allabauer
1979 - 1987	OSR Karl Ertl
1987 - 2000	OSR Karl Kager
2000 - 2007	OSR Florian Bauer
2007 -	SR Ida Geyer

Die aufgelassenen Schulen in Mariensee und St. Peter

Die Volksschule Mariensee

Die erste Volksschule des Ortes wurde 1878 gebaut und war einklassig. Heute befindet sich dieses Gebäude im Besitz der Gutsverwalterfamilie Dr. Schenker. Bald waren die Räumlichkeiten für einen geordneten Unterricht zu beengt, da wegen der allgemeinen Schulpflicht auch im ländlichen Raum immer mehr junge Menschen eine Schule besuchten.
Der Wiener Baumeister *Franz Rieß* erhielt alsdann den Auftrag zur Planung eines neuen Gebäudes. Er erstellte die Baupläne und verwendete sogar Elemente des Jugendstils zur Gestaltung des Hauses.
1914, exakt im Jahr des Kriegsausbruchs des 1. Weltkriegs, konnte das auffallende Gebäude der Volksschule Mariensee nach einjähriger Bauzeit eröffnet und eingeweiht werden. Nun war Mariensee eine zweiklassige Schule und blieb es über viele Jahrzehnte.

Volksschule Mariensee

1975 musste die Volksschule **aufgelassen** werden. Die Schüler besuchen in den letzten Jahren wegen des gemeinsamen Schulsprengels entweder die VS Ober-Aspang oder die VS Unter-Aspang.
Nach der Auflösung der ehemaligen Volksschule Mariensee wurde das Gebäude anderweitig genutzt, so war es zum Beispiel von 1979-1991 Geschäftslokal.
Schlussendlich kam es im Jahr 2008 zum Verkauf des Hauses an das Künstlerehepaar Huemer-Strobele mit dem Bestreben, den historischen Baustil weiterhin zu erhalten.

Lehrer und Direktoren an der Volksschule Mariensee

1878 - 1879	Matthias Hausjetl
bis 1882	Alexius Setecska
1882 - 1894	Michael Wernhardt
1894 - 1922	Josef Beutel
prov. 1922 - 1923	Josef Prenner
Jänner - Juli 1923	Leopold Pelzlmayer (Verfasser der Ortskunde von Mariensee)
1923 - 1935	Martin Steiner
prov. 1935 - 1936	Hermine Wiesbauer
1936 - 1940	Franz Bahrle
prov. 1940 - 1945	Hermine Wiesbauer
1945 - 1967	Robert Sonnleitner 1947 - 1949 Martha Pichelbauer, verehel. Simeth, Mutter der Verfasserin als Lehrerin
1967 - 1975	Christa Wiesbauer

Die Volksschule St. Peter

Mit Einführung der allgemeinen Schulpflicht 1774 mussten auch die Schüler von St. Peter eine *öffentliche Schule besuchen.*
Da kein geeignetes Schulhaus vorhanden war, konnten sie bis zur Fertigstellung des Neubaus im Jahr 1794 **l**ediglich in verschiedenen *privaten Gebäuden* von St. Peter am Neuwald unterrichtet werden.
Wieder war das 60 jährige Regierungsjubiläum des Kaisers Anlass für die Errichtung und die Namensgebung einer Schule. Im Falle von St. Peter geschah dies im Jahr **1908**, in dem die **Jubiläumsschule** am Ortsrand eröffnet wurde.
Bis **1972,** dem Jahr der **Schließung** der Schule, unterrichteten viele Lehrer in diesem Gebäude die Schüler von St. Peter und Umgebung.
Heute befindet sich im neu adaptierten Haus der ehemaligen Volksschule der Landeskindergarten St. Peter.

St. Peter mit Schule

Lehrer an der Volksschule St. Peter

1783 - 1811	Michael Brunner
1812 - 1814	Karl Geltner
bis 1815	N. Planinger
1815 - 1848	Josef Huemann
1848 - 1879	Karl Huemann
1879 - 1881	Pfarrer Raab
1881 - 1882	Michael Wernhard
1882 - 1884	Alexius Setecska
1884 - 1886	Andreas Zeiner
1886 - 1893	Ferdinand Philipp
1894 - 1896	Ferdinand Kuchelbacher
1896 - 1913	Johann Mohr
1913 - 1931	Anton Moucka
1931 - 1932	Karl Köstenbauer
1931 - 1938	Hans Paul
1938 - 1960	VD Franz Wiesbauer
1960 - 1963	Angela Prenner
1963 - 1972	VD Ottilie Kogelbauer

Die Musikschule Aspang

Sie wurde **1957** unter dem Namen *Musikschule der Gemeinde Aspang Markt* gegründet und führt seit 2006 offiziell die Bezeichnung *Gemeindeverband der Musikschule Aspang*.
Mit der ersten Leitung, wurde Herr Volksschuldirektor Leopold Tobler betraut und von 7 Lehrkräften tatkräftig unterstützt.
Zu Beginn waren 26 Schüler angemeldet, im Schuljahr 2009/10 besuchen bereits ca. 230 Schüler und Erwachsene die Musikschule. Sie steht unter der Leitung von Mag. Martina Ungersböck. Auch die Zahl der Lehrkräfte, die eine Vielfalt an Instrumentalunterricht anbietet, hat sich mehr als verdoppelt.
Eine sehr gute Zusammenarbeit der Musikschule mit der Volksschule Unter-Aspang zeigt sich im Kooperationsunterricht, der von Herrn Musikschullehrer Christian Weninger seit einigen Jahren betreut wird. So konnte das von ihm komponierte Musical *Die Bremer Stadtmusikanten* gemeinsam mit der VS Ober-Aspang, der VS Unter-Aspang und der Musikschule erfolgreich aufgeführt werden. Kooperationsstunden gibt es des weiteren mit der Hauptschule Aspang und der Volksschule Ober-Aspang, die von Musikschullehrer G.Reiterer gehalten werden.
Lange Zeit war die Musikschule im Hochparterre des Gemeindeamtes von Aspang-Markt untergebracht, jetzt wurden die Räume des ehemaligen Bezirksgerichtes Aspang umgewidmet und der Musikschule zur Verfügung gestellt.
Zum Jubiläum 50 Jahre Musikschule Aspang brachte diese 2007 eine CD unter dem damaligen Leiter Mag. Franz Reiterer heraus. Mit der großen Zahl an gelungenen musikalischen Beiträgen wird Einblick in die Leistungen der erwähnten Musikschule gegeben.

Die Musikschuldirektoren von den Anfängen bis heute

1957 - 1975	MD VD Leopold Tobler
1976 - 1996	MD Helene Wiesbauer
1997 - 2007	MD Mag. Franz Reiterer
2008 -	MD Mag. Martina Ungersböck

Lehrer der Musikschule Aspang

Die vier Landeskindergärten in den beiden Gemeinden

Nahezu alle Kinder besuchten vor dem Eintritt in die Volksschule einen der Kindergärten von Aspang-Markt oder Aspangberg-St. Peter.

Landeskindergarten Unter-Aspang

1961 wurde der auf dem Arreal früherer Schrebergärten gebaute Landeskindergarten eröffnet. Er war anfangs eingruppig mit 36 Kindern. Der Erweiterungsbau zum heutigen Aussehen des Hauses erfolgte 1994/95.Da wurde der Kindergarten auch zweigruppig.
In der Zeit von 1984–1995 war eine Gruppe wegen Platzmangels im kleinen Saal des Pfarrheims neben der Pfarrkirche untergebracht.
Erste Kindergartenleiterin war von 1961–1996 *Hedwig Wagenhofer*,von 1996 bis heute ist dies Kindergartenleiterin *Claudia Buchner*.
Derzeit besuchen ca. 32 Kinder den Kindergarten und werden von der Kindergartenleiterin, der gruppenführenden Kindergartenpädagogin Sabine Freiler und den Kinderbetreuerinnen Andrea Übersberger, Veronika Turner und Margarete Tauchner betreut.

Landeskindergarten Unter-Aspang

Landeskindergarten Aspangberg-St. Peter - Hoffeld

Der Kindergartenbetrieb hier wurde **1995** eingruppig begonnen und ist das auch heute. Geleitet wird er von *Agnes Putz*. Er ist in einem Mehrzweckgebäude am Hoffeld untergebracht, in dem sich auch ein Proberaum der Musikkapelle Aspangberg-St. Peter und einige andere zweckgebundene Räume befinden.

Mehrzweckgebäude Hoffeld mit Landeskindergarten

Landeskindergarten St. Peter

1987 begann der Kindergartenbetrieb in St. Peter. Er wurde mit einer Gruppe eröffnet und so präsentiert er sich auch im heurigen Jahr. Vor dem Umbau war das Gebäude jenes der Volksschule von St. Peter, das, wie bereits an anderer Stelle erwähnt, anlässlich des 60 jährigen Regierungsjubiläums Kaiser Franz Josef I. erbaut wurde.
Kindergartenleiterin ist seit 1987 *Eleonore Schlinter*.
2010 besteht die Gruppe des Kindergartens aus 19 Kindern. Diese werden von der Leiterin und der Kinderbetreuerin Rosa Pölzlbauer betreut.

Landeskindergarten St. Peter

Der Aspangerhof einst

Kloster und Kindergarten der Schulschwestern des III. Ordens des Hl. Vaters Franziskus in Ober-Aspang

Der älteste der Kindergärten war jener der Schul schwestern in Ober-Aspang, der heute in dieser Form nicht mehr existiert.

Im Jahr **1922** verwirklichte *Gräfin Irma Chotek* den Wunsch der verstorbenen Gräfin Vera Pergen, in Aspang einen Kindergarten und eine Handarbeitsschule zu eröffnen.

Das kleine *„Marienheim"* war mit Kindergarten und Schule im Aspangerhof untergebracht.

5 Jahre später durften die damals 4 Schwestern in das *„Weiß Haus vis a vis vom Aspangerhof"* in eine Wohnung übersiedeln und 1928 übergab ihnen Gräfin Chotek dieses zur *„gänzlichen Verfügung"*.

Ein Jahr später gründeten die Schwestern eine Haushaltsschule und es wurden sogar Abendkurse im Nähen angeboten. Viele Mädchen besuchten diese Arbeitsschule im Aspangerhof und später die Haushaltsschule, wo sie eine sehr umfassende Ausbildung für das zukünftige Leben erhielten.

Ehemaliges Klostergebäude an der Stelle der neuen Wohnhausanlage in der Bahnstraße

Im Jahr **1930** fanden im neu gegründeten **Landeskindergarten** 70 Kinder Aufnahme.

Die Ordensschwestern hatten alle Hände voll zu tun, denn sie betreuten 1933 freiwillig sogar das *Bezirksaltersheim in Aspang* (= heute Pfarrheim).

Wie so vieles mussten 1938 leider die Schulen und der Kindergarten nach Verordnung geschlossen werden. Von da an fehlte es nicht nur dem Kloster am Notwendigsten zum Überleben. Im Jahre 1940 konnte laut Chronik nicht einmal ein *„Ewigenlichtöl"* beschafft werden. Um für den Lebensunterhalt der vielen bedürftigen Armen, die im Kloster Schutz und Hilfe suchten aufkommen zu können, versuchten sich die Schwestern als Lohnnäherinnen im damaligen Geschäft Supper.

Sie pflegten in dieser Zeit Kranke und betreuten in ihrem Haus Gefangene. In der Säge waren gefangene Franzosen untergebracht. Besonders schlimm traf die Bewohner des kleinen Klosters der erste Fliegerangriff auf Aspang im Oktober 1943.

Auszüge aus dem Bericht der Schulchronik der VS Ober-Aspang zu diesem Ereignis lauten wie folgt:

Zwischen der Säge und dem Haus Witzig gab es eine Detonation, und gleich darauf wurden Verwundete in den Keller des Klosters gebracht. Erst nachdem der Fliegerangriff vorbei war, wusste man, dass im Umkreis von 50–100 Schritten 8 Sprengbomben eingeschlagen hatten, die vermutlich die Eisenbahnbrücke und die Bahngleise treffen sollten.

Bombenkrater 1943 – eiserne Bahnbrücke

Die Brücke wurde nur leicht beschädigt, während am Gebäude der Schwestern und an der Säge großer Schaden entstand. Am Allerseelentag desselben Jahres war neuerlich Fliegeralarm, wo über Zöbern Bomben fielen und Flugzeugteile von einem brennenden Flugzeug im Garten des Klosters gefunden wurden.
Auch 1944 *gab es des öfteren Alarm* und in der Umgebung „Notabwürfe" von Bomben feindlicher Flieger. Dennoch versuchten die Schwestern, die ständig zwischen dem Mutterhaus in Seebenstein und Aspang wechselten, die Ausspeisung der Kriegsgefangenen fortzusetzen.
An einem Sonntag im März 1945, so schreibt eine Schwester in der Chronik, zogen die dichtesten Kampffliegerverbände über den Ort. Es gab mehrere Angriffswellen, bei denen sie sich ängstlich in den Keller des Hauses verkrochen und beteten.
In der Karwoche 1945 sollen tagelang Militär, Autos, Wagen und Flüchtlinge aus Ungarn und am Karfreitag auch die Russen über Kirchschlag gekommen sein. Die Schwestern packten alle sakralen Gefäße und versteckten diese sorgsam in der Pfarrkirche in Ober-Aspang.
In der Nacht auf Karsamstag mussten letztendlich auch die Klosterschwestern in den Luftschutzkeller des Schlosses fliehen. Sie blieben dann als Pflegerinnen im dort befindlichen Spital, um den neu ernannten Leiter des Krankenhauses, Dr. Mayr, zu unterstützen. Immer wieder kamen Soldaten der Fronttruppen in das Spital, verlangten Alkohol und stahlen alles Brauchbare aus dem Schloss, wie Gräfin Chotek nach der Rückkehr aus Mariensee im Mai 1945 feststellen musste.
In das Kloster zogen derweil russische Truppen, doch zu Pfingsten bezogen die Schwestern wieder ihr verwüstetes Haus.

„Jeden Abend viel Weihwasser sprengend und mit Glocke und Mistgabel bewaffnet, versuchten wir unsere Angst zu vertreiben", schreibt eine Schwester in der Chronik.
Das **Spital** umfasste mittlerweile eine Chirurgische-, Interne-, Gynäkologische- und sogar eine Infektionsabteilung, aufgeteilt auf mehrere Häuser. So war das Infektionsspital im Klausenhof, in der ehemaligen Pension Ramberger untergebracht und die Entbindungsstation in der späteren Pension Tobler.

Ehemaliges Elisenheim

Klausenhof

Von den Schwestern wurde die Infektionsabteilung mit viel persönlichem Einsatz geführt und zahlreiche schwer Verwundete von den Kampfhandlungen im Wechselgebiet betreut. Wegen dieser so in der Nähe ausgetragenen Kämpfe war es unumgänglich geworden, auch eine *Chirurgische Station* einzurichten, die ab 2. Juni 1945 *„der sehr tüchtige Chirurg Dr. Puhalla"* (Originalzitat) mit nun 12 Schwestern des Ordens leitete. In den Jahren 1945 und auch 1946 bekam das Spital unter der Leitung des Primarius Dr. Sepp Mayr je 1000 Patienten zur

Aufnahme. Es gab dann erst *1950* keine Bedarf mehr für das Krankenhaus Neunkirchen, Aspang als Teilspital zu erhalten, und so wurde es von der Landesregierung aufgelöst.
Während all dieser Zeit gab es keinen Kindergarten- oder Schulbetrieb der Schwestern, da sie sich voll und ganz anderen Aufgaben widmen mussten.
Ein ereignisreiches Jahr war 1946, da wurde der Kindergarten der Schwestern wieder eröffnet und im selben Jahr sogar an das *Staatstelephonnetz* angeschlossen. Im Jahr darauf waren der nun ebenfalls neu eingeleitete Umbau der ehemaligen Säge in Kindergarten und Nähschule abgeschlossen.
Die umfangreichen Tätigkeiten der Schwestern beinhalteten ab dem Jahr 1948 sogar einen täglichen Wetterbericht an die Meteorologische Anstalt Wien.
Nach der Entstehung der eigenständigen Pfarre in Ober-Aspang wurde 1951 das Altersheim aufgelassen und als Pfarrhof adaptiert. Die 2 Schwestern verließen ihre liebgewonnene Wirkungsstätte. Pfarrer Otto Tomanetz, der das erste Jahr seiner Tätigkeit in einer Wohnung über dem Cafe Müller beim Marienplatz wohnte, zog nun mit seinem Kaplan in den Pfarrhof.
Im Sommer diente das Kloster zu Aspang häufig *Ferienkindern* aus Wien als Stätte der Erholung. Schwestern desselben Ordens kamen ebenfalls aus dem Mutterhaus oder anderen Filialen zur Erholungssuche oder sogar für einen längeren Aufenthalt hierher.
1967 wurden der Kapellentrakt und dann der Schwesterntrakt umgebaut und 1968 eine aufwändige Feier für die Glockenweihe der Pfarrkirche Ober-Aspang mitgestaltet.
In den darauffolgenden Jahren war der Schwesternmangel nicht zu übersehen. Er führte alsdann *2002 zur Schließung* der *Klosterfiliale Ober-Aspang.*
Bis zum Jahr 2008 konnte der Kindergarten im ursprünglichen Gebäude in der Bahnstraße als Landeskindergarten aufrecht erhalten werden.
Im selben Jahr wurde das alte Gebäude weggerissen und eine neue Wohnhausanlage errichtet. Der Kindergarten übersiedelte in einen Neubau in der Mühlgasse und ist wieder ein Landeskindergarten mit 2 Gruppen.
Derzeit leitet ihn Gerda Weinzettl, unterstützt von Elfriede Pichler und den Betreuerinnen Christiana Fleischhacker und Ingrid Heissenberger.

Landeskindergarten Mühlgasse

Das Schloss Aspang

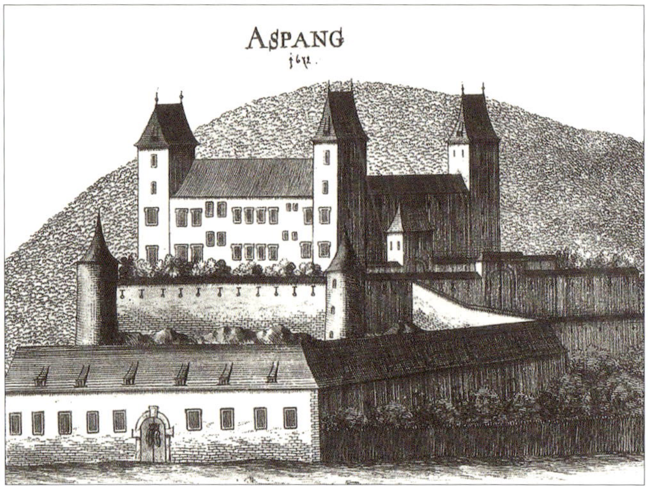

Vischer Schloss Aspang

Das Schloss Aspang steht auf einer Anhöhe inmitten von Aspang oberhalb des Murtalbaches, wo es im **12. Jahrhundert** als eine der eher seltenen Kastellburgen mit 3 markanten Türmen erbaut wurde. Da die *„Burg zu Aschpang" 1222* als Ausstellungsort einer Urkunde im Zuge einer Besitzstreitigkeit (siehe Kapitel Entstehung Aspangs) erstmals erwähnt wird, kann der Zeitpunkt der Errichtung der Feste mit Sicherheit als wesentlich früher angenommen werden. Sie war außerdem ein wichtiges Glied im befestigten *Grenzgürtel gegen die Magyaren* im Osten, wie auch Pitten, Seebenstein, Thomasberg, Ziegersberg, Krumbach, Kirchschlag und andere.

Dies lässt den Schluss zu, dass die *„Veste"* nicht nur eine wehr-, sondern auch eine verwaltungspolitische Funktion hatte.

Aspang gehörte zur *Grafschaft Pitten, welche 1254 zu Niederösterreich* kam. Es umfasste die Herrschaftsgebiete bis Neustift am Alpenwald, Neuwald, Mariensee, Mönichkirchen, Tauchen, Ausschlag und Neustift am Hartberg, Höll, Hottmannsgraben, Langegg, Außer- und Inneraigen.

Einen Einblick in wirtschaftliche und rechtliche Angelegenheiten der Herrschaft Aspang gibt zum Beispiel das **Pannbuch des Marktes Aspang,** in dem die Rechte der Burgherrn dem Freien Markt Aspang gegenüber dokumentiert sind.

Unbestätigten Überlieferungen zufolge soll die Burg während der Magyareneinfälle im 13. Jahrhundert und der Raubzüge der Türken (1529, 1531, 1683) mehrmals in

Schloss Aspang

Mitleidenschaft gezogen worden sein. Dies wäre auch eine Erklärung dafür, dass im 16. Jahrhundert wesentliche Umbauten getätigt wurden. Die Änderungen betrafen die Ringmauer und ihre Bastionen sowie die Toranlagen.
Zu jener Zeit besaßen die *Herren von Kunigsberge* (= Königsberger) die Herrschaft, die sie 1555 erwarben. Das heute noch bestehende *Wappen über dem Haupttor* erinnert daran.
Mit ziemlicher Sicherheit geht der Name der Rotte Königsberg auf eben dieses Herrschergeschlecht zurück.
1653 kamen Schloss und die dazugehörige Gutsherrschaft in den Besitz der GRAFEN VON PERGEN, die beides (mit kurzer Unterbrechung von 1711-1715) bis zum Jahr 1945 innehatten.
Andere bauliche Veränderungen an der Burg fielen in die Jahre *1883-1887.* Da erhielt der Torvorbau seine heutige Gestalt, Ringmauer und Ecktürme wurden auf die jetzige Höhe abgetragen und der Burggraben zugeschüttet. Somit war der Wandel von der einstigen Wehrburg zum Schloss vollzogen. Von da an diente es den wohlhabender werdenden Grafen von Pergen als repräsentativer Wohnsitz.
Gräfin Chotek, die letzte der Nachkommen der Grafen von Pergen, musste allerdings während des 2. Weltkrieges (1938-1945) das Schloss verlassen und in Mariensee vorübergehend Wohnung nehmen, da in diesem ein Krankenhaus eingerichtet wurde (siehe Kapitel Kloster Aspang).

Gräfin Chotek

Es soll das nicht zum ersten Mal vorgekommen sein, denn auch während des 1. Weltkrieges (1914-1918) wurde dort ein provisorisches Krankenhaus für Verwundete bereitgestellt Es blieb jedoch ungenützt.
Die über viele Jahrhunderte ebenfalls zum Schloss gehörende Gutsherrschaft diente fortan der land- und forstwirtschaftlichen Nutzung für den Eigenbedarf der jeweiligen Herrschaft. Das ehemalige Wirtschaftsgebäude, der *Aspanger Hof*, befand sich immer schon am Fuße der früheren Ringmauer an der Durchzugsstraße. Wie bereits erwähnt wurde er in der vergangenen Zeit für verschiedene Zwecke genutzt. Er beherbergt heute Mietwohnungen und Geschäfte.
Während der russischen Besatzungszeit (1945-1955) wurden laut Zeitzeugen im zur Gutsherrschaft gehörigen Sägewerk an der Straße nach St. Corona große Mengen an Holz verarbeitet und abtransportiert. Aus dem gutsherrschaftlichen Sägewerk entstand kurzerhand ein USIA-Betrieb unter russischer Führung, so wie es viele andere Betriebe in der Gegend auch wurden.
Nach dem Ende der Besatzungszeit erwarb Frau Ida Hietl das Schloss Aspang und alle dazugehörenden Besitzungen, wobei das Schloss selbst in den folgenden Jahren mehrfach die Besitzer wechselte (siehe Liste der Schlossbesitzer).
Heute werden Teile des Gebäudes bei diversen Veranstaltungen während des Jahres für die Öffentlichkeit zugänglich gemacht. Das ist während der Sommermonate bei „Aspang live", bei Adventveranstaltungen oder Konzerten der Fall.
Eine Übersicht der Eigentümer von Schloss Aspang zeigt, dass die Herrschaft von Beginn weg über einen längeren Zeitraum *landesfürstliches Pfandobjekt* war. Das bedeutet, dass nach dem Gutdünken des jeweiligen Landesfürsten besonders pflichtgetreue Untertanen für einen bestimmten Zeitraum Besitzer des Schlosses und der umliegenden Ländereien waren.
Dass auch diese Liste durch das Auffinden neuer historischer Quellen vielleicht ergänzt oder geändert werden könnte, ist der Verfasserin dieses Buches nur zu bewusst.

Schloss Aspang und dessen Besitzer (nach Schweickhardt und Weltin)

1308 - 1314 Niclas von Ternberg

1353 Albrecht von Puchheim (von Herzog Albrecht II. als Pfand)

1370 Johann Graf von Pernstein pfandweise und im selben Jahr Albert von Pottendorf

1375 Graf Johann von Pernstein und Wolfgang Wolfenreuter

1407 Achacius dem Aczpekch zu Aspang

1411 Heczel Achaz der Datzpech (Gloggnitzer Urkunden)

1439 Wolfgang Wolfenreuter

1459 Wolfgang Glacz

1470 Oswald Pucher

1472 König Matthias Corvinus *„erobert die Veste und besetzt sie mit Ungarn bis 1486"*

1479 Baltasar von Puechheim

1492 Hans von Königsberg

1515 Sigmund Freiherr von Dietrichstein, im selben Jahr auch Freiherr von Hollenburg

ab 1555 Geschlecht der Königsberger Umbau des Schlosses durch Pantaleon von Königsberg

1653 Grafen von Pergen (erster war Karl von Pergen)

1702 nach dem Tode von Franz Anton v. Pergen verkauft die Witwe Maximiliana Karharina (geb. Freiin von Webersberg) an Johann Friedrich Grafen von Seilern.

1715 Verkauf an Johann Baptist Graf von Pergen

1741 Johann Cal Josefph von Pergen

1776 Johann Josef von Pergen

1820 Johann Karl von Pergen (Ende der „älteren Linie")

1867 Johann Anton von Pergen (Enkel des Staats- und Konferenzministers von Maria Theresia)

1873 sein gleichnamiger Sohn Johann Anton von Pergen

Johann Anton Graf Pergen

1902 Gräfin Johanna Pergen (Schwester von J.A.v.Pergen) bekommt die Herrschaft Aspang, während das Schloss Witwensitz der Vera von Pergen (Gattin von J.A.v. Pergen) wird.

1914 Gräfin Chotek (als Nachfolgerin der letzten Gräfin Johanna von Pergen) verheiratet mit Dr. Jürgensen (Sanitätsrat) hat Schloss und Wirtschaftsbesitz bis 1945.

1945 Im Schloss ist ein Spital untergebracht, das 1950 geschlossen wird. Der zugehörige Gutsbesitz wird USIA-Betrieb

1956 Rückstellung der N. Ö. Landwirtschaftskammer von Schloss und Gut an das Ehepaar Hietl

Eingang Schloss

1956 - 1959 Ida Hietl (vormals Ida Jürgensen, Pflegetochter der Gräfin Chotek) verwaltet das Schloss. Der Grundbesitz rund um den Markt Aspang wird nach der Realteilung 1957/58 von ihrem Mann weiterbewirtschaftet und bis 2010 von Dipl Ing. Fridolin Hietl (deren Sohn) weitergeführt. 2010 tritt Mag. Clemens Hietl das Erbe der Forst- und Gutsverwaltung an.

1959 - 1962 Herr Schörkhuber erwirbt das Schloss Aspang durch Kauf, von ihm übernimmt

1962 - 1990 Senator Ing. Othmar Ruthner dieses und seit

1990 - im Besitz von Wolfgang Jonke.

Schloss Aspang von oben

Die Gerichtsbarkeit bis zur Auflösung des Bezirksgerichtes Aspang im Jahr 2002

Als in Aspang im Jahr 2002 das Bezirksgericht aufgelassen wurde, erfolgte die Zuteilung der Agenden an die Bezirksgerichte Neunkirchen und Gloggnitz, wobei wöchentlich ein Sprechtag in der Gemeinde Aspang Markt gehalten wird.
Auf Grund der besonderen marktrechtlichen Stellung Aspangs schon im Mittelalter finden sich erste urkundliche Erwähnungen einer *„Gerichtsbarkeit zu Aspang"* bereits im **13. Jahrhundert.** Schriftlich festgehalten wurden vorwiegend Besitz- und Erbstreitigkeiten von Klöstern oder Landesfürsten mit den Eigentümern der Herrschaft Aspang oder mit „Cives de aschpange" (damit sind die Bürger Aspangs gemeint).
So ist zum Beispiel der Inhalt einer Urkunde aus dem Jahr **1295** bekannt, in welcher die strittigen Grenzen der Landgerichtsbarkeit Aspang neu festgelegt wurden:
Herzog Albrecht, der Sohn König Rudolfs von Habsburg, ließ in seiner Zuständigkeit als Landesfürst seine *„umsessenen Ritter und Knechte"* die Grenzen um Aspang ausreiten. Zu diesen genannten Rittern gehörten Dietrich von Friedberg, Seyfried der Zieger (auf Ziegersberg), Konrad von Steiersberg, Heinrich der Schreiber, der Richter von Aschpang und Friedel der Schaetzel von Aschpang.
Sie kamen zu nachfolgendem Ergebnis im Originaltext: *„Daz sind deu (die) recht und gericht, den zü Aspang gehoerent gegend Neuwald, Aschpang, am Bache entlang dem Tal hinaus (Richtung Gleißenfeld)* und bis zu den *Grenzen der Herrschaft Ziegersberg.*
Die Landgerichtsbarkeit Aspang umfasste damit ein sehr weitläufiges Gebiet, in dem es galt, auf Recht und Ordnung zu schauen.
Für die jeweiligen Besitzer von Aspang, die den Landesfürsten in der Gerichtsbarkeit unterstanden, waren die Aufgaben im **Pannbuche des Marktes Aspang** (1318–1421) verbindlich festgelegt. In diesem Pannbuche wurde folglich sehr genau dokumentiert, welche Fälle der **Herrschaft** *zustanden* und über welche Fälle nur die *„Marktrichter de Aschpange"* (= die Marktrichter von Aspang) zu urteilen hatten.
Der Herrschaft Aspang standen die *Regeln des Landgerichts* (= Kriminal- und Zivilgerichtsbarkeit) sowie die *Wildbahn* (= Jagdrecht) und das *Fischwasser* (= Fischfangrecht) zum Vollzug zu. Es war auch das Recht der Burgherren auf eine genau festgelegte *Maut* etwa für Felle, Wein und Pferde, ja sogar für einen Karren mit Waren (einmal jährlich abzuliefern) eingetragen.

Der gesetzliche Wirkungsbereich der Gemeinde Aspang wurde in einer Niederschrift von *1422* ebenfalls dokumentiert:
Es erschien eine *„Deduction über des Marktes Aspang seine uralte Recht – Gebrauch zu machen."* In mehreren Paragraphen wird genau erläutert, wofür der **Marktrichter** in seiner Funktion zuständig war. Einige verständliche Beispiele aus dem Original wären:
„Erhaltung des Gemeinen Wesens, Policey, Infectionsverordnungen, Schenkrecht oder Leutgeben (= Robot an die Herrschaft), vermeid von Rumor- und Raufhändl in Gassen und Straßen, Verhalten und Benimm der Bevölkerung, Absicht der Wachter und Stund-Rufer" und viele andere.
Während dieser Zeit standen also an der *Spitze* der freien Marktgemeinde der Marktrichter und der Marktrat. Beide wurden aus der Bürgerschaft gewählt. Bis 1817 war der gewählte Marktrichter zugleich auch *Gemeindeoberhaupt.*
Die hier unten angeführten *Paragraphen* sollen dem Leser einen Einblick in den Originaltext des Pannbuches liefern:
„3. *Item, und wo ain Edlmann oder Herrschafft oder ain Pfeger ainen schädlichen Mann fächt oder ain schäglich Weib in unseren Landtguht, so soll Er die antwortten dem Richter gen Aspang.*
4. Item das ain Jeder Richter soll schauen die Waag und die Mass dreymahl in Jahr.
5. Ain jeder Richter mag wol greifen umb einen schädlichen man – Er sey ain diep oder ain mörder oder ain Zaubrer oder Zauberrin."
Interessant ist auch, dass während der Herrschaft des Freiherrn Sigmund von Dietrichstein (1529) die Grenzen des Landgerichts Aspang bis Gleißenfeld ausgedehnt wurden, weshalb sogar das *Gleißenfelder Banntaiding* neu geschrieben werden musste. Das Landgericht umfasste zwischenzeitlich Aspang, Scheiblingkirchen, das ganze linke Ufer des Pittenflusses zwischen Hödleinsberg, Hassbach, Piribach und Gleißenfeld.
Daher hatte also der Marktrichter von Aspang mit seinem Landgerichte über vorkommende *„Diebereien, Totschlag und Notzuchtfälle"* bis in das Gleißenfelder Gebiet zu urteilen.
Einige Jahrhunderte lang gab es *keine Einigung* zwischen den Marktrichtern und den Besitzern des Schlosses Aspang über die Zuständigkeit in der Gerichtsbarkeit.

Immer wieder führte das wegen der häufig anfallenden Streitigkeiten und Spannungen zu langwierigen Prozessen - vor allem zur Zeit der Königsberger - mit denen die Marktrichter alsbald überfordert waren. Wenn auch die im 18. Jahrhundert in zahlreichen landesgerichtlichen Entscheidungen abgelehnten Forderungen der Herrschaft Pergen nach verbrieften Rechten des Marktes die dortigen Richter stärkten, war dies doch für die Bürger eine unangenehme und unsichere Situation.

Sie sahen sich alsdann 1831 gezwungen, einen „*Syndicus*" als *juristischen Beirat* zu suchen.

Sein Name war Ludwig Borutzky. Obwohl nun der erste von den Bürgern gewählte Bürgermeister gemeinsam mit dem Syndicus in die Rechtssachen mit den Herrn von Pergen Ordnung zu bringen versuchte, gelang dies erst nach 1835.

Das Revolutionsjahr 1848 brachte durch die erzwungene Verfassungs- und Verwaltungsreform innerhalb der Monarchie auch spürbare Veränderungen für den Gerichtsvollzug in Aspang. Die namhaft gemachte Bauernbefreiung und die formelle Gleichstellung aller Bürger vor dem Gesetz leiteten ein Umdenken bei anstehenden Entscheidungen der Marktrichter und der Herrscher ein.

Der letzte Pergen, Graf Johann *Anton*, versuchte nachträglich durch besondere Wohltätigkeiten das dem Markt Aspang erwiesene Unrecht zu mildern.

In jener Zeit, als der Gerichtsbarkeit zu Aspang auch der Vollzug der gefällten Urteile zustand, suchte man nach einer geeigneten Stätte außerhalb des Ortes und fand sie am **Gerichtsberg**. Noch heute entdecken wir auf dem Gerichtsberg Mauerreste des angeblich *1529* dort entstandenen Galgens.

Reste der Galgenstätte am Gerichtsberg

Dort wurden angeblich einige Verurteilte hingerichtet. Lange noch fürchteten sich Einwohner, den Langeggerweg, der in der Nähe der Richtstätte vorbeiführt, bei Nacht zu gehen. Sie behaupteten,schwarzen Pferden mit feuersprühenden Augen zu begegnen, die dem Wanderer nachliefen und ihren Kopf auf dessen Schulter legten. Der letzte Gehängte soll ein gewisser Schlamadiger, Gastwirt des Gasthofes Bräuhaus gewesen sein, der einen dort übernachtenden Gast beraubt und ermordet hätte.

Wo aber befand sich das Haus, in dem Recht gesprochen wurde?

Das ursprüngliche *Rathaus in Aspang* war das *erste Gerichtsgebäude*. Heute ist noch über dem Eingang des Hauses an der Ecke des Hauptplatzes ein skulpturartig ausgeführter *Schild aus dem Jahr 1773* zu sehen, auf dem die Abbildung der umgekehrten Anker zu erkennen ist.

Urkundlich erwähnt ist, dass 1869 in Markt Aspang das Bezirksgericht und das Steueramt errichtet worden seien, denn der damalige Graf Pergen kündigte dem im Schloss untergebrachten Bezirksgericht, was eine Übersiedlung in ein neues Gebäude notwendig machte. Ungenauen Angaben zufolge soll dies in den Jahren 1868-1869 vonstatten gegangen sein.

Schild aus dem Jahr 1773 am ehemaligen Gerichtsgebäude

Andere Quellen legen dar, dass es bereits aus dem Jahr 1850 einen ersten Mietvertrag mit der damals jungen Gemeinde für dieses Haus gab, den das Bezirksgericht ausgestellt hatte.

Fest steht, dass das Bezirksgericht Aspang bis zu seiner Auflösung im Jahr 2002 in diesem Gebäude untergebracht war. Heute befinden sich darin das Notariat Dr. Bauer und die Musikschule Aspang.

Die Polizei Aspang

In der Postenchronik der jetzigen **Polizeiinspektion Aspang** sind die Anfänge des Postens Aspang dokumentiert.
Die sogenannte k.k. Gendarmerie wurde im Jahre 1849 als Bestandteil des k.u.k. Heeres ins Leben gerufen. Sie war bis zum 1. Weltkrieg ausnahmslos zur Aufrechterhaltung der öffentlichen Ordnung und Sicherheit verpflichtet. Bereits 1876 wurde die Gendarmerie aus dem Heer ausgegliedert. Während des 1. Weltkrieges war sie wieder militärisch organisiert und im 2. Weltkrieg wurde sie in die deutsche Ordnungspolizei eingebunden.
Von 1945 bis zur Auflösung der Gendarmerie im Jahr 2005 war sie ein ziviler Wachkörper, der in fast allen größeren Orten des ländlichen Raumes eine Dienststelle hatte. Heute sorgen die Beamten der Bundespolizei, so heißt diese nun, für Ordnung und Sicherheit vor Ort.
Die Anwesenheit von Beamten in Markt Aspang reicht weit in die Anfänge der k.k. Gendarmerie zurück.
1854 wurde im Haus Hauptplatz 45 der **Posten Markt Aspang** eingerichtet. Auch in den umliegenden Orten gab es Dienststellen.
Als im Jahr 1912 der bestehende Posten in Zöbern aufgelassen wurde, kam der gesamte *Rayon* zum Gebiet des Gendarmeriepostens von Aspang. Damit vergrößerte sich auch die Zahl der diensthabenden Gendarmen ständig.
Der Sitz des Postens befand sich im Laufe seines Bestehens in Aspang in verschiedenen Gebäuden von Aspang Markt.

Uniform der Bundesgendarmerie 1924

Uniform der Polizei heute

Die Gendarmerie war von ungefähr 1893 bis 1968 im Haus Hauptstraße 3 (heute Haidbauer) untergebracht.
1968 wechselte der immer noch so benannte *Gendarmerieposten* in das Haus Dirnbacher am Marienplatz 4.
Seit 1972 ist der Posten wieder am Hauptplatz 12, im Gebäude der Bezirksbauernkammer, zu finden.
Das Überwachungsgebiet umfasst zur Zeit die Gemeinde Aspang Markt, Aspangberg-St. Peter, Zöbern und Mönichkirchen.
Die Aufgabe der bei uns diensthabenden Polizisten ist der Verkehrsüberwachungs-, Kriminal- und Sicherheitsdienst.
Auch Sonderverwendungen von Beamten des Postens Aspang (alpine Einsatzgruppe und Musiker der Polizeimusik) gehören zur Ausübung dieses Berufes.

Die Postenkommandanten am Posten Aspang seit 1854

1854 - 1858	Leithner
1858 - 1865	Pfamitzer
1865 - 1865	Kudernatsch
1865 - 1867	Lechner
1867 - 1871	Martin Stier
1871 - 1882	Franz Nuhs
1882 - 1886	Franz Monser
1886 - 1888	Johann Schellinger
1888 - 1892	Josef Weiser
1892 - 1900	Heinrich Öhlknecht
1900 - 1901	Johann Tremmer
1901 - 1906	Gustav Edenhofner
1906 - 1924	Karl Kurzreiter
1924 - 1930	Karl Krumpholz
1930 - 1938	Johann Hofbauer
1930 - 1938	Karl Bartak
1939 - 1945	Anton Moran
1944 - 1945	Josef Granditsch
1945 - 1946	Anton Moran
1946 - 1946	Franz Heissenberger
1946 - 1947	Franz Willersberger
1947 - 1950	Franz Kurz
1950 - 1975	Anton Weinzettl
1975 - 1988	Alfred Semmler
1989 - 2001	Johann Bredl
2001 -	Ernst Polzer

Zur Unterstützung der amtlichen Gendarmerie gab es bis in das Jahr *1938* ***Nachtwächter***, die von der Gemeinde bezahlt wurden. Ihre Aufgabe war es, in der Nacht durch den Ort zu gehen und besondere Vorkommnisse wie Brände, usw. sofort zu melden.
Überlieferungen zufolge soll von 1889-1892 ein gewisser *Herr Koihser* diesen Beruf ausgeübt haben.
Nach ihm war *Vincenz Treitler* Nachtwächter. Berichtet wird, dass während seines Dienstes in der Nacht vom 18. auf den 19. Jänner 1892 das Gasthaus Hauer und das anschließende Hirsch-Haus abgebrannt sein sollen.
Ein in Aspang Ansässiger ehemaliger Handwerker namens *Brugger Kassian* dürfte ab 1909 für nächtliche Ordnung und Sicherheit gesorgt haben.
Der letzte namentlich bekannte Nachtwächter war bis zum Jahr 1938 Herr *Kerschbaumer.*

Zeugen der Geschichte

Dass es in der Vergangenheit in unserer engeren Heimat auch schwere Zeiten gab, wird in der folgenden Geschichte über die Entstehung der Pestsäule am Marienplatz deutlich.

Auch in Aspang wütete die Pest

Vor vielen, vielen Jahren rollte eines Tages auf der sandigen Straße vom Wechsel kommend ein Holzwagen in Richtung Aspang. Es war schon später Nachmittag, und so trieb der Kaufmann seinen Kutscher zur Eile an, um noch vor der Dunkelheit den sicheren Ort Aspang zu erreichen. Auf dem Wagen befanden sich leere Fässer und auch jemand, von dem Kaufmann und Kutscher nichts wussten. In Friedberg war nämlich heimlich ein Spielmann auf den Wagen geklettert und hatte sich zwischen den Fässern versteckt. In der Dämmerung kam das Gespann schließlich in Aspang an und wurde vom Dorfwächter willkommen geheißen, der dieses nicht weiter beachtete, da der Kaufmann und er alte Bekannte waren. So kam der Spielmann also ungehindert in den Ort, nahm seine Geige und betrat die nächste Wirtsstube. Mit einem „Guten Abend" trat er ein. Sofort baten ihn die Anwesenden, doch aufzuspielen, was dieser gerne und viele Stunden lang tat. Mitten im Trinken und Spielen brach er jedoch plötzlich zusammen und stürzte zu Boden. Der pestkranke Spielmann wurde in die Gästestube geschafft und der Doktor beigezogen. Am nächsten Morgen verbreitete sich die schreckliche Kunde im Ort und alle fragten sich wie es möglich war, dass ein Kranker trotz der Dorfwächter in den Ort gekommen war. Der tote Spielmann wurde außerhalb des Ortes begraben.
In Aspang ging von da an jedoch die Pest um. Immer mehr Menschen erkrankten, auch die Familie des Kaufmannes. Es gab kein Mittel gegen diese schreckliche Krankheit, immer mehr Menschen starben daran. In der Nacht zogen vermummte Männer durch die Straßen, um die Toten auf ihre Karren zu laden und außerhalb des Ortes zu begraben. Ein Strohkranz an der Tür zeigte an, in welchem Haus ein Pestkranker gestorben war.
Eine Frau namens Maria Ursula Presolin wusste keinen anderen Ausweg, als in der Kirche zu beten: „Heilige Mutter Gottes, bitte hilf mir! Ein Denkmal lass ich dir errichten, wenn du mich vor dieser Krankheit schützt!" Sie ging wieder nach Hause und sperrte sich ein. Noch Wochen und Monate wütete die Pest, doch unter den wenigen, die am Leben blieben, war Maria Ursula Presolin. Aus Dankbarkeit und Freude darüber löste sie sodann ihr Versprechen ein und ließ die Marien- oder Pestsäule errichten.

Marienplatz und Pestsäule

Der Marienplatz hat seinen Namen von der Mariensäule, die in der Mitte des Platzes steht. Sie wird auch Pestsäule genannt.
Im Jahre 1680 breitete sich, wie in der Geschichte erzählt, in unserem Land die *Pest* aus. Viele Menschen starben an dieser Krankheit, nur wenige blieben verschont.
In Aspang lebte jene vorhin erwähnte Maria Ursula Presolin, die im Jahre 1719 die Mariensäule errichten ließ. Der Sockel trägt folgende Aufschrift:

ANO
1719
JAHRS
HABE ICH MARIA
VRSVLA PRESOLIN
BVRGERLICHE
GASTGEBIN DIESE
SAILEN AL DAZV
EHREN GOTT VND
DER VNBEFECHTEN
EMPFAENGNVS
MARIAE VERLOBT
VND MACHEN
LASSEN – AL
DA

1888 wurde die Säule vom Aspanger Verschönerungsverein mit einem Eisengitter umgeben.

Marienplatz Richtung Mühlgasse

Marienplatz Richtung Bahnstraße

Marienplatz im Jahr 2010

Pestsäule am Marienplatz

Der Springbrunnen auf dem Hauptplatz

Neben der Mariensäule gibt es noch einige andere Zeugen der Geschichte, die aus unterschiedlichen Gründen erwähnenswert sind. Der Springbrunnen erinnert beispielsweise an den *Bau der Kaiser Franz Josef Wasserleitung*, die diesen Brunnen ursprünglich auch speiste. Er wurde 1889 errichtet und von der Sparkasse Aspang gespendet.

Hauptplatz mit Springbrunnen

Springbrunnen 2010

Wetterstation am Hauptplatz

In unmittelbarer Nähe des Springbrunnens steht die **Wetterstation**. Sie enthält Messgeräte wie Barometer, Hygrometer oder Thermometer und eine Tafel, auf der die Seehöhe Aspangs mit 506 Metern angegeben wird. Die Bevölkerung Aspangs kann seit 1905, dem Jahr der Errichtung der Station, genaue Wetterdaten zu jeder Tageszeit ablesen.

Der Stein auf dem Kirchenplatz – Marktstein

Dieser auffallend mächtige Stein mit zwei Metern Durchmesser soll angeblich vor langer Zeit bei einem Hochwasser auf den Hauptplatz geschwemmt worden sein. Der Stein, in den die Buchstaben MASP und das Marktwappen eingemeißelt sind, lag vor dem Gebäude des ehemaligen Bezirksgerichtes. Dort diente er angeblich bei abgehaltenen Märkten als Zahltisch.
Auf Dauer beeinträchtigte er jedoch den Straßenverkehr dermaßen, dass ihn Graf Johann Pergen *auf Walzen von 4 Ochsen gezogen* auf den Kirchenplatz verfrachten ließ. Selbiges soll sich im Jahr 1868 zugetragen haben.

Die Nepomukstatue

Die Statue des Hl. Johannes von Nepomuk, 1727 von der Gräfin Maria Elisabeth von Pergen ebenfalls auf dem Marktplatz errichtet, musste im 1899 der Errichtung des Marktbrunnens weichen und wurde im *Schlosspark* aufgestellt. Einige Jahre lang konnte man sie am Rande der Zöbernstraße bei der Brücke über den Murtalbach sehen. Heute steht sie an der Schlosseinfahrt neben dem Marktstein.

Nepomukstatue und Marktstein vor dem Schlossgarten. Kleines Bild: Inschrift auf der Nepomukstatue

Kapellen, Marterl und Wegkreuze in Aspang-Markt

Sie sind heute mehr denn je Stätten gelebten Glaubens, die bis weit zurückreichend in die Vergangenheit für deren jeweilige Besitzer stets von Bedeutung waren.
Aus Anlass einer gemeinsamen Gebetswanderung von Schülern und Lehrern wurden einige Kapellen in Unter-Aspang ausgewählt, die im kirchlichen Jahreskreis, etwa zu Fronleichnam oder den Bitttagen, von Bedeutung sind.

Die Johannes Nepomuk-Kapelle am Kirchenplatz in Unter-Aspang

Sie befindet sich im Haus Haberl und hat eine interessante Entstehungsgeschichte, die uns von den jetzigen Eigentümern mündlich überliefert wurde:
Am Grund der Familie Haberl-ZIRSKY kam es vor ca. 300 Jahren zur Errichtung einer Kapelle für eine angeschwemmte Holzstatue des heiligen Johannes-Nepomuk. Nach einem Hochwasser hat man diese Heiligenfigur gefunden. Sie wurde von irgendwoher angeschwemmt und blieb lange in einer Wasserlacke liegen.

Nepomukkapelle Unter-Aspang

Schließlich baute man am Grund Haberl-Zirsky eine Kapelle für den „Hansl aus der Lacke".
Im Jahre 1961 wurde die Kapelle auf Grund von verschiedenen Bauarbeiten weggerissen und die Holzstatue erhielt einen Platz im Hause Haberl, wo sie heute noch steht.
Die Kapelle ist nach Osten ausgerichtet und zeigt somit zum Fluss, der in einiger Entfernung vorbeifließt.
Die Heiligenstatue ist handgeschnitzt und in originaler Bemalung restauriert worden. In der rechten Hand hält die Figur ein Kruzifix und in der linken Hand einen grünen Palmzweig, der um 1900 dazugegeben wurde.

Das Knappenkreuz

Nicht erwiesenen Überlieferungen zufolge soll es an die Beförderung des Eisenerzes von Pitten nach Mariensee erinnern und steht als schöner Obelisk aus Stein beim Bahnübergang der Königsbergstraße. Auf dem Stein ist die Jahreszahl **1490** zu sehen. Die Werkzeuge Hammer, Zange, Hufeisen und Pflugschar sind als Symbole in den Stein gemeißelt.
Bergleute, so genannte Knappen, hätten angeblich bei diesem Kreuz auf ihrem Weg von und nach Mariensee häufig Halt gemacht.

Knappenkreuz

Dazu gibt es eine Sage:
An der Stelle des Knappenkreuzes wurde der Schmiedemeister einer Schmiedewerkstätte der Pittener Eisenwerke begraben, welcher an diesem Ort verunglückt war. Der Totengräber hatte nicht die Zeit, das Grab gleich zuzuschütten, daher warf er die Gebeine und einen To-

Knappenkreuz

tenkopf einer früheren Leiche auf den Sarg. Neugierige Kinder blickten in die Grube und erschraken fürchterlich, als sich der auf dem Sarg liegende Totenkopf vorwärts bewegte. Der herbeigerufene Pfarrherr und der Kirchendiener waren selbst verblüfft und als der Kirchendiener in die Grube stieg und den Totenkopf emporhob, fiel aus demselben eine Kröte. Die jedoch, da sie sich nicht selbst befreien konnte, schleppte den Totenkopf mit sich fort. Eines der Kinder soll vor Schreck nach zwei Tagen gestorben sein.

Die Hauskapelle der Familie Steinbauer

Laut Erzählungen soll sie vor annähernd 150 Jahren als Danksagung für das Überleben einer Familie nach einem Hausbrand errichtet worden sein. Das abgebrannte Haus stand übrigens genau dort, wo sich die Bahngleise der heutigen Aspangbahn befinden. Man suchte und fand einen geeigneten Platz für die Kapelle auf damaligem Gemeindegrund, heute ist sie im Privatbesitz. Den Innenraum schmückt eine große Marienstatue.

Hauskapelle der Familie Steinbauer

Die Hauskapelle der Familie Putz in der Neugasse

Dieses bemerkenswerte Kulturgut ist ebenfalls vor etwa 150 Jahren entstanden. Erzählungen zufolge gibt es am Friedhof der Pfarre Edlitz eine gleich ausge-

Putz Kapelle

stattete Kapelle. Man nimmt daher an, dass die Kreuz-Gruppe im Innenraum mit dem Apostel Johannes und der Hl. Veronika von demselben Künstler geschaffen wurde.
Nicht alle privaten Kapellen, Marterl und Kreuze können in diesem Artikel aufgezählt werden, doch gibt es noch zu einigen anderen erwähnenswerte Geschichten ihrer Entstehung.

Die Dreifaltigkeitssäule auf dem Pfarrplatz in Unter-Aspang

wurde 1688 von Carl Freiherr von Pergen errichtet und stand ursprünglich in der Nähe des Schlosses.

Dreifaltigkeitssäule

Die Woisl - Lucka

Im Jahre 1529, als die Türken bis Wien vordrangen, wurde auch Aspang von Scharen umherstreifender Türken überfallen. Die Bevölkerung suchte sich überall zu verbergen. Dort, wo einmal das bekannte „Apfelhaus“ stand (Kirchenplatz N° 5), befand sich zu jener Zeit ein weiterer Friedhof. Von diesem Friedhof aus führte ein unterirdischer Gang zum Buchenwaldl (Brandstetter, Augasse 3) am Fuße des Ganserlbergs. Durch diesen Gang flüchtete die Bevölkerung vor den heranstürmenden Türken in die Wälder. Angeblich bestehen noch heute Überreste der Anlage unter der Erde.

Die Kapelle am Langeggerweg

Sie ist eine der ältesten ihrer Art und besteht angeblich seit dem Jahr 1450. Ursprünglich gehörte sie dem Bürger Lechner in Markt Aspang, Hintergasse N° 1.
Vermutlich wurde sie von den Pittener Bergknappen erbaut, da dort der alte Eisenweg nach Mariensee vorbeiführte.

Kapelle am Langeggerweg

Das Franzosenkreuz

Es steht vor dem Murtalviadukt an der Mönichkirchnerstraße und wurde zur Sühne nach dem Kampf eines Lederergesellen mit den Franzosen **1809** errichtet.
Im Mai 1926 ersetzte man das Holzkreuz durch ein Steinkreuz.

Franzosenkreuz

Eine von Otto Rottler verfasste Gedenkschrift berichtet über den Vorfall so:
Das Jahr 1809 brachte für Österreich unter Kaiser Franz I. schwere Tage. Auch der Markt Aspang sollte nicht verschont bleiben und die Schrecknisse eines feindlichen Einfalles miterleben.
Es war am 20. Mai des Jahres 1809, als französische Regimenter in Aspang einzogen, die Bevölkerung schwer bedrängten und schließlich den Ort plündern wollten. Dem damaligen Bürgervertreter Johann Schierer ist es zu danken, dass der Markt gegen eine Lieferung von Naturalien im Werte von 32.188.39 Gulden vor seinem traurigen Schicksal bewahrt wurde.
Ein Gerbergeselle, der in seiner Verbitterung auf französi-

Inschrift Franzosenkreuz

sche Soldaten feuerte, wurde von diesen sofort erschossen. An der Stelle, an der sein Blut floss, wurde ein Holzkreuz errichtet, das als Wahrzeichen zur Erinnerung an diesen Schreckenstag galt.
Im Laufe der Jahrzehnte kam das Kreuz durch Grundtausch und Kauf an der Grenze der Grundstücke des Tischlermeisters Alois Lienhart und des Spirituosenerzeugers Franz Rottler, beide erbeingesessene Bürger Aspangs, zu stehen. Der Zahn der Zeit ging nicht spurlos an dem Kreuze vorüber, es verfiel. Der Tischlermeister Alois Lienhart machte sich verdient, indem er das Franzosenkreuz im Einvernehmen mit seinem Grundnachbarn Franz Rottler in seiner heutigen Form und am alten Platze wieder erstehen ließ. Nach 117 Jahren konnte der Nachwelt ein historisches Wahrzeichen erhalten werden.
Der Entwurf stammte vom Kunststeinmetz Johann Berthold. Dieser führte unter tätiger Mitarbeit des Alois Lienhart die Arbeit am Kunststein aus und brachte auch denselben Christus wie am alten Holzkreuz an. Der naturgetreue in Stein gemeißelte Baumstamm wird wohl für ewige Zeiten jedem Vorübergehenden das sein, was seine in den Stamm gravierten Worte künden:

Wahrzeichen an den Durchzug
der Franzosen
am 20. Mai 1809.

Verschlossen und eingemauert am 3. Mai 1926 wurde folgender Text:
Unterzeichnet von Allen, die an der Wiedererstehung Anteil nahmen:
Franz Rottler, Alois Lienhart, Katharina Rottler, Rosa Lienhart, Otto Rottler, Lidinni Rottler, Theresia Lienhart, Maria Lienhart,

Johann Berthold, Klara Lienhart.
Diese Schrift befindet sich in einer alten eisernen Geldbüchse aus jenen längst entschwundenen Zeiten. Diese diente dem Webermeister Lienhart, dem Vater oben genannten Tischlermeisters, als Geldkasse.
Sollte diese Büchse jemals geöffnet werden, so ist es Pflicht, für die Erhaltung des Franzosenkreuzes zu sorgen.
Geschrieben von Otto Rottler, Sohn des obgenannten Franz Rottler.

Das Scheibelgartenkreuz

Im Scheibelgarten, an einer Seitenstraße der Mönichkirchnerstraße, steht eine gemauerte Kapelle, genannt das Scheibelgartenkreuz.
Man erzählt sich, dass die Frau des Viehhändlers Oberndorfer zur Erinnerung an einen gefallenen Oberst das Denkmal im Jahr 1812 errichtete.
Jener Oberst gehörte angeblich einem württenbergischen Regiment an, das unter französischer Führung stand. Er verlor in den Kämpfen auf der Amtswiese sein Leben.
Von Mönichkirchen bis zur besagten Amtswiese fand ein Angriff der steirischen Landesschützen auf das württenbergische Regiment statt. Bei dem wurden *„alle Offiziere weggeschossen"*, darunter auch der Oberst. Er hatte zuvor während der Einquartierung der Truppen um Aspang bei Frau Oberndorfer gewohnt.

Scheibelgartenkreuz Innenansicht

Kapellen, Marterl und Wegkreuze in Aspangberg-St. Peter

Stögerer-Kapelle

Stangl-Kapelle

Peterwirt-Kapelle

Viele Bauernhäuser hatten oder haben noch ihre Hauskapellen und Marterl, die meistens zum Dank oder für besondere familiäre Anlässe errichtet wurden. **Kapellen**, die zu Fronleichnam, an den drei Bitttagen und zu Ostern Bedeutung haben, sind die *Stögerer Kapelle, die Stangl Kapelle und die Peterwirt Kapelle.* Sie sind im Besitz der Familie Prenner und befinden sich alle drei in der Nähe des Ortes St. Peter.
Im ländlichen Raum kommt den zahlreich vorhandenen Kreuzesgruppen eine besondere Bedeutung zu, von denen wiederum nur einige wenige hier erwähnt werden können.

Die Wetterkreuze am Kreuzriegel

und der *Bildstock aus 1909* stehen an einem wahrscheinlich frühgeschichtlichen Kultplatz. Wetterkreuze sind immer Gruppen mit drei Kreuzen. Das mittlere Kreuz steht als Symbol für Jesu Tod, die beiden anderen für die Hinrichtungsstätten der Schächer.
Die genannten befinden sich auf dem Anwesen von Kremsl Peter und Theresia in Neustift am Alpenwald.
Auf der *Felsplatte des Kreuzriegels* gibt es noch unerforschte, wahrscheinlich frühgeschichtliche *Zeichen*. Für die These einiger Forscher, dass es sich um eine „Stelle für Ortungen" handle, spricht nur, dass von Fachleuten ein besonderes Gravitationsfeld nachgewiesen wurde. Man nimmt aber als gegeben an, dass solche Kreuzgruppen aus der Zeit der Christianisierung stammen und daher sehr alt sind.

Kreuzgruppe am Kreuzriegel

Neu errichtete **Wetterkreuze,** bei welchen regelmäßig Maiandachten und Viertelsbeten stattfinden, stehen auf dem Anwesen der Familie Kronaus in Langegg.

Wetterkreuze

Neben den Wetterkreuzen finden wir auch **Rote Kreuze** über das gesamte Gemeindegebiet verstreut. Sie markieren zudem manchmal Pfarrgrenzen oder sind Ziel von Bitttagsprozessionen, wie jene bei der Großen Klause oder beim Hacklbauern am Königsberg.

Rotes Kreuz, Große Klause

Über die Bedeutung Roter Kreuze in der Volkskultur wurden sogar einige wissenschaftliche Abhandlungen verfasst. Es ist erstaunlich, dass deren ursprüngliche Bestimmung der Abhaltung keltisch - heidnischen Festen und Ritualen galt. Ihr späterer Wandel in Glaubensstätten für christliche Feiern hat sich bis in die Jetztzeit erhalten.

Das Mariazeller-Kreuz

Die Bezeichnung Wegkreuze trifft auf dies und nun folgende in besonderer Weise zu, da sie bekannte Pilger- oder Wanderwege von alters her säumen.
Das schöne Kreuz soll seinen Namen deshalb haben, weil hier Wallfahrer früher wie heute auf ihrem Fußweg über

Mariazellerkreuz

den Wechsel nach Mariazell Halt machen und sich zum gemeinsamen Gebet vor dem Weitermarschieren treffen.

Das Brunner-Kreuz

wurde aus einem nicht alltäglichen Anlass errichtet. Der Überlieferung nach hat genau an jener Stelle eine Bäuerin bei der Heuarbeit ein Mädchen namens Katharina Brunner zur Welt gebracht. Aus Dankbarkeit, weil das Kind so kräftig und gesund war, errichtete man diese Kapelle.

Brunner Kreuz

Der Schwarze Herrgott

gilt als Besonderheit unter den Wegkreuzen und trägt die Jahreszahl 1683.

Wie man sich erzählt, soll seine Entstehung auf das Unglück eines jungen „Mahder - Burschen" (= Mäher), der den Tod eines Mädchen auf der Feistritzer Schwaig verschuldet hatte, zurückzuführen sein. Der junge Bursch getraute sich aus Scham nach dem Verbüßen einer Haftstrafe nicht mehr auf den Hof seiner Mutter im Wechselgebiet zurück. So lebte er einsam und alleine in einer Hütte, wo heute der Schwarze Herrgott steht. Um etwas zu verdienen, erzeugte er daneben in einem Kohlenmeiler Holzkohle.

Nun soll entweder aus Unachtsamkeit oder aus Rache die Hütte plötzlich abgebrannt sein. Bei diesem Brand blieb nichts übrig außer dem Herrgott. Weil dieser aber stark verrußt und verkohlt war, hieß er von da an der Schwarze Herrgott.

Schwarzer Herrgott

Das Steinerne Kreuz

bildet nicht nur einen markanten Endpunkt der Pfarre St. Peter, sondern steht zugleich auch an der Gemeindegrenze von Aspangberg-St. Peter.

Es ist ein Bildstock, der vor einigen Jahren von engagierten Aspangern neu renoviert wurde.

Steinernes Kreuz

Die wichtigsten Verkehrswege

Aspang war von alters her auf Grund seiner geographischen Lage am Fuße des Wechsels und der im Umkreis einmündenden Täler ein wichtiger Verkehrsknotenpunkt. Bedeutende Straßenverbindungen von einst haben sich zum Teil bis heute erhalten, andere wurden dem jetzigen Verkehrsaufkommen entsprechend ausgebaut.
Die *Wechselbundesstraße (B54)*, die *Anschlussstelle zur Südautobahn (A2)* über die *Zöbernstraße* und die Verbindungen zu den Nachbarorten über *Landesstraßen* sind die am meisten befahrenen Verkehrswege.
Gerade deshalb haben verschiedene *Autobuslinien*, die Schüler und andere Fahrgäste in die umliegenden Orte bringen, ihre *Haltestellen* in Aspang.
Abgesehen von den Hauptverkehrsverbindungen gibt es viele *Nebenstraßen und Güterwege* in der Umgebung des Ortes. Das gesamte Güterwegenetz zu den umliegenden Rotten, vor allem im Gemeindegebiet von Aspangberg-St. Peter, wurde in den letzten Jahrzehnten ausgebaut und ermöglicht so den Einwohnern entlegener Gehöfte eine reibungslose Zufahrt.
Die *Straßenmeisterei Aspang* lieferte wertvolle Unterlagen für die Geschichte über den Bau und die Erweiterungen des Straßennetzes um Aspang.
Schon zur Zeit der *ältesten Handelsverbindungen* zwischen Norden und Süden des heutigen Europa gab es einen *Straßenzug über den Wechsel*. Als der Handel mit dem an der Ostsee gefundenen Bernstein, den Metallen, dem Salz, den Fellen und der Wolle entlang der alten Bernsteinstraße zu gefährlich wurde, änderte man kurzerhand die Handelsroute. Führte sie vorher ausschließlich durch die Ebenen von Carnuntum, über Oedenburg oder Laibach nach Venetien, so verlegte man sie wegen der Germaneneinfälle auf eine Route entlang der Alpen über den Feistritzsattel oder den Wechselpass in den Süden.
Die alte **Römerstraße** lässt sich heute in unserer Gegend noch rückverfolgen. Sie wurde als Plattenstraße (= Ausbau mit Steinplatten) angelegt.
Man vermutet, dass zum Beispiel die Bezeichnung „Steinplatte" - ehemals Gasthaus, heute Wohnhaus an der Mönichkirchnerstraße - an diese Zeit erinnert.
In der darauf folgenden Zeit der Völkerwanderung verfielen die Straßen wegen des aufhörenden Handels mit dem zerstörten Italien.

Steinplatte

Erst zur Zeit Karls des Großen (8. Jhdt. Nach Christus) lebte der Transport über die noch erhaltenen *Römerstraßen* wieder auf. Damals führte die Straße über Mitteregg und über den Hartberg entlang der Höhenrücken *nach Spital* bei Tauchen, wo es ein *Hospiz* gab. Allein die Existenz eines solchen spricht für das rege Verkehrsaufkommen jener Epoche.
Viele Jahrhunderte später entdeckte man erst den **Wechselpass** als ideale Streckenführung für einen Weg in den Süden Europas.
Eine *Verkehrsverbindung nach Osten* bestand bereits über Zöbern nach Steinamanger. Damals nutzte man die *„Zöbernfurt"* (= lateinisch savaria vadum) für den Weg in das jetzige Ungarn. Allerdings wurde durch die Magyareneinfälle im 10. Jhdt. der Übergang über den Wechsel plötzlich für Transporte wieder sehr unsicher. Er war aber immer noch der bedeutendste Übergang Richtung Süden, da das Terrain über den Hartberg und die Abhänge des Wechsels weniger Schwierigkeiten bot als der Weg über den Semmering. Wie aus alten Urkunden hervorgeht, war der Wechsel besonders unter den Babenbergern „neu belebt". So reiste der Babenberger Leopold VI. im Frühjahr 1222 von Graz eben diesen Weg nach Wien. Auch der Staufenkaiser Friedrich II. ritt im Jahr 1237 über den Wechsel von Graz nach Wien, als er gegen den rebellischen Babenbergerherzog Friedrich II. zu Felde zog.
Einige Zeit galt die Wechselstraße - so etwa im 14. Jhdt. - als *„verbotene Straße"*. Kaufleute, welche die vielen Mautstellen an der Venedigerstraße über den Semmering zu umgehen suchten, wichen gerne auf andere Routen aus. Sie mussten gewärtigen, dass sie, wenn sie die Wechselstraße benützten,

Strafe zahlten oder ihre mitgeführte Ware konfisziert wurde. Solche Fahrten wurden auch immer mehr zum Risiko. Um die *Sicherheit von Kaufleuten und* anderen *Reisenden* auf den zunehmend unsicherer werdenden Strecken zu gewährleisten, gab es etwa um das *Jahr 1548 Prämien zur Ergreifung von Straßenräubern und Landstreichern.*
Grundherrschaften wurden sogar angewiesen, auf beiden Seiten der Straßen 12 Klafter (ca. 22 Meter) weit Gehölz und Sträucher wegzuschlagen, hinter denen sich die Räuber sonst verstecken konnten.
Auch *Landprofosen*, die von der Regierung auf Drängen der Stände zum Einsatz kamen, sollten für mehr Sicherheit sorgen. Diese hatten berittene Streckenknechte zur Unterstützung, welche auf Landstraßen Räuber stellen und der Landgerichtsbarkeit zuführen sollten. Nicht immer war ihre Tätigkeit von Erfolg gekrönt, wie aus einer *„Instruktion des Kaisers Rudolf II."* aus dem Jahr 1600 hervorgeht. Demnach sollen zu viele verdächtige Personen gegen *„Verehrungen"* (= Geschenke) entlassen worden oder aus unserer Gegend nach Ungarn abgezogen sein, wo sie nicht verfolgt werden durften.
Als in den kommenden Jahrhunderten der Handelsweg über den Wechsel wieder an Bedeutung gewann, entstand in Aspang wiederum eine zentrale Mautstelle.
Im 18. Jahrhundert, mit der neuerlich zunehmenden Bedeutung des Semmeringpasses als Handelsverbindung in den Süden, war der Wechsel eher für den kleinräumigeren Handel und den Postverkehr von Wichtigkeit.
Erst *1823* erfolgte die Straßenverlegung von der ursprünglichen Route über Spital und Tauchen nach dem heutigen Mönichkirchen. Sie wurde in Gegenwart von Kaiser Franz I. eröffnet. Der Grenzstein zwischen Niederösterreich und der Steiermark steht heute noch an der Wechselbundesstraße. Er trägt die Jahreszahl **1826** und die Initialen Kaiser Franz I.
Ab 1868 wurde die Straße über den Wechsel als Landesstraße vom *Bezirksstraßenausschuss Aspang* betreut. Da das Straßenwesen sehr eng mit dem Postverkehr von damals verbunden war, wurde Herr Johann Vital (Postmeister von Aspang) der erste *Bezirksstraßenobmann von Aspang.* Anzunehmen ist, dass damit ein gezielter Straßenbau und eine entsprechende Straßenerhaltung ihren Anfang nahm.
1888 scheint im Amtskalender als erster Straßenmeister von Aspang Gustav Körperich auf.
Als 1948 die Wechselstraße in die Verwaltung des Bundes übertragen wurde, war der Grundstein für weitere Ausbauten dieses wieder an Bedeutung erlangten Verkehrsweges gelegt. Auch die heute noch gültige Bezeichnung Bundesstraße 54 (B 54) nahm damit ihren Anfang.

Bau der Wechselbundesstraße

Das ständig steigende Verkehrsaufkommen auch mit Schwerfahrzeugen machte schließlich den weiteren Ausbau der Südautobahn A 2 notwendig. Sie wurde von der Anschlussstelle Grimmenstein über den Wechsel in den Jahren 1983-1985 gebaut. Damit trat eine wesentliche Entlastung für Aspang und die an der Wechselbundesstraße liegenden Gemeinden ein.
Mit der behördlichen Einrichtung einer *Straßenmeisterei* wurde dringend eine zentrale Betriebsstelle für die Verwaltung und das Einstellen der Geräte und Fahrzeuge notwendig.
Die *Straßenmeisterei Aspang* hatte ihre erste bedeutende *Betriebsstelle* viele Jahre in der Bahnstraße gegenüber dem Bahnhof Aspang. Vor einigen Jahren wurde sie nach einem notwendig gewordenen Neubau nach Neustift am Hartberg 4, an die Wechselbundesstraße, verlegt.

Straßenmeister der Straßenmeisterei Aspang, die sich um die Instandhaltung und den Ausbau des Straßennetzes im Raum Aspang verdient gemacht haben:
Bleckl: während der Kriegszeit
Matthias Flasch: ca. 1950-1974
Georg Morgenbesser: 1974-1982 (Stellvertreter: Franz Hofer)
Franz Hofer: 1982-2001 (Stellvertreter: Franz Wagner, Manfred Pichler)
Johann Seiser: seit 2001 (Stellvertreter: Manfred Pichler)

Straßenmeisterei Bahnhofstraße

Einige wenige Daten konnten über den Ausbau der wichtigsten Nebenstraßen gefunden werden:

1860 Ein „Fahrweg" nach Mariensee wurde errichtet, der den bestehenden „Fußweg" ablöste. Erstmalige Asphaltierung der Straße nach Mariensee im Jahr 1960

1929 Einrichtung einer Autobuslinie nach Mariensee, seit 1938 täglicher Busverkehr

1881 Bau der Kulmastraße von Markt Aspang zum Weißen Kreuz Richtung Krumbach

Straßenmeisterei an der Wechselbundesstraße

1897 Bau der Straßen nach Zöbern, Mönichkirchen und Unternberg (1901 weiter über St. Corona nach Kirchberg/Wechsel)

1930 Einführung der Straßenbenennungen in Aspang Markt

Straße nach Mariensee – Große Klause

Im Zusammenhang mit dem Verkehr darf die Erwähnung der in Aspang stationierten zwei Pannendienste nicht fehlen. Beide haben ihren Stützpunkt an der Wechselbundesstraße, der **ÖAMTC** beim Wanghof und der **ARBÖ** in der Höll.

Die Wechselbahn

Bahnhof Aspang 1885

Bahnhof 2010

Ihre Geschichte fängt mit dem vorläufigen Bau der **Bahnlinie Wien–Aspang** an.
Begonnen wurde dieser schon im Jahre 1880, die feierliche Eröffnung fiel darauf in das Jahr **1881**.
Die neu errichtete Bahnlinie trug den Namen **Aspangbahn,** nach dem Endpunkt der Reise. Der ursprüngliche Plan für diese Bahn war, sie bis Saloniki in Griechenland zu bauen.
Daher trugen vorläufig alle Grenzsteine, von denen einige noch an der Bahnstrecke stehen, die Markierung *„W.S.B.“* (Wien-Saloniki-Bahn).

Grenzstein Wien-Saloniki-Bahn

In den Jahren **1908–1910** wurde schließlich die **Wechselbahn** im Anschluss an die bestehende Aspangbahn bis zum Bahnhof Friedberg-Pinggau eingleisig mit vielen *Tunnels* und *Viadukten* errichtet.

Tunnelbau

Die Bahn beförderte Personen und Güter und stellte von Anfang an eine wichtige Verbindung Richtung Graz und Oberwart dar.
Die Streckenführung wurde stark dem bestehenden Gelände angepasst. Daher macht sie einen großen Bogen um Ober-Aspang und überwindet viele Steigungen bis Ausschlag Zöbern und Mönichkirchen.
Nach dem Bahnhof Mönichkirchen durchfährt sie den mit 2477 m längsten Tunnel der Strecke, den Großen Hartbergtunnel.
Im April 1941 verwendeten deutsche Truppen einen Tunnel zu Kriegszwecken als Ort der Einsatzleitung für den Jugoslawienfeldzug des 2. Weltkrieges.

Tunnels und Viadukte der Wechselbahn

1. Gerichtsbergtunnel	205 m
2. Murtalbachviadukt	267 m
3. Sambergtunnel	349 m
4. Ungerbachviadukt I.	168 m
5. Windhof-Kehrtunnel	559 m
6. Ungerbachviadukt II.	109 m
7. Eisteich-Viadukt	98 m
8. Kl. Hartberg-Viadukt	88 m
9. Kl. Hartberg-Tunnel	273 m
10. Habischleitenviadukt	118 m
11. Fadnerviadukt	77 m
12. Kohlgrabenviadukt	101 m
13. Gr. Hartbergtunnel	2477 m
14. Wiesenhöf-Tunnel	1212 m

Im nachfolgenden Lied wird der Weg der Bahn über den Wechsel nach der Melodie der „Schwäb`schen Eisenbahn“ beschrieben.

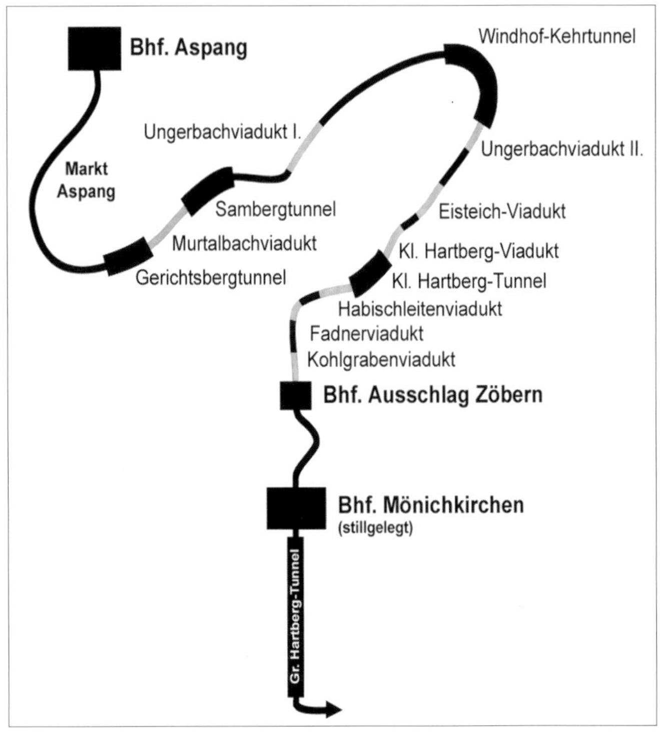

Skizze der Bahnlinie

Murtalbachviadukt 1912

Übersicht Bahnhof Aspang

Bahnhof Aspang um 1900

Heizhaus Bahnhof Aspang

Die Wechselbahn

1. Uns`re schöne Wechselbahn
fängt am Bahnhof Aspang an
fährt im Bogen um den Ort,
ist plötzlich in ein` Tunnel fort.
Refrain; Trula, trula, trulala
trula, trula, trulala,...
fährt im Bogen um den Ort
ist plötzlich in ein` Tunnel fort

2. Kommt dann auf ein Viadukt,
von dem man schön auf Aspang blickt,
doch fährt, wie könnt es anders sein,
sie wieder in den Berg hinein.
Refrain

3. In Schleifen führt sie dann bergauf
und macht dabei ihr Schnauf, Schnauf, Schnauf,
wechselt Tunnel und Viadukt
die Wechselbahn, sie schnauft und spuckt.
Refrain

4. Sie führt durch Wiesen, Felder, Wald,
in Ausschlag Zöbern macht sie Halt.
Im Hartbergtunnel wird`s nun leicht,
die Bahn hat d` höchste Stell erreicht.
Refrain

5. Von hier weg geht`s den Berg hinab,
die Bahn fährt in die Steiermark,
sie kommt bald aus dem Wald heraus
am Bahnhof Tauchen steigen wir aus.
Refrain

6. Die Fahrt über`n Wechsel war sehr schön,
und wir winken noch: „Auf Wiedersehen“!
Ach, es fahre doch wer kann,
mit der schönen Wechselbahn!
Refrain

Die Geschichte der Postfiliale 2870 Aspang

Eng mit dem Verkehrsnetz und dessen Errichtung war in unserem Heimatort die Entwicklung der Post verbunden.

Nachweislich gab es **1836** bereits *„allwöchentlich einen zweimaligen Postverkehr zwischen dem Markte Aspang und Wiener Neustadt“* auf Antrag des *„kaiserlich-königlichen Annanial - Postmeisters Josef von Linhart“* über *„Ansuchen des Marktes Aspang“*.

Die Leitung dieser Postangelegenheiten wurde dem *„k.k. Tabak-Subverleger“ Franz Vital* in Ober-Aspang verliehen.

Diese Fahrposteinrichtung war zur Beförderung von Personen, Briefen, Geldern und der damaligen *„offiziösen Correspondenz der Herrschaften“* (= jeweilige Besitzer des Schlosses Aspang) da.

Gefahren wurde mit einem zehn- bis zwölfsitzigen Gesellschaftswagen, vor den zwei Pferde gespannt wurden. So einen *Stellwagen Wien - Aspang - Graz* hatte Georg Schierer (Gastwirt und Bindermeister) aus Aspang. Da diese Fahrtverbindung von den Reisenden gut angenommen und damit rentabel war, wurde sie 1840 unter Bürgermeister Franz Eder bis Friedberg, dann Hartberg und später bis Graz ausgedehnt.

Letzte Postkutsche Aspang–Friedberg 1910

Das erste Postamt war im Gebäude des Gasthauses zur Post untergebracht. Das ist heute als das Haus der Bauernkammer an der Ecke Zöbernstraße bekannt. Nach mündlicher Überlieferung sollen um die Jahrhundertwende, also etwa *um 1900*, die Postamtsräume im Amtshaus der Marktgemeinde gewesen sein.

Wegen Platzmangels und der Zunahme des Fernsprech- und Telegraphenverkehrs nahm das Postamt im Jahr 1941 den Betrieb im Hause Hauptstraße 12 auf, wo es bis heute untergebracht ist.

Im 2. Weltkrieg gab es nur wenige materielle Schäden am Postamtsgebäude, somit waren außer den kriegsbedingten Einschränkungen im Postverkehr keine zusätzlichen Probleme vor Ort zu verzeichnen.

Während der Jahre 1902 bis 1906 wurde die Telefonleitung zwischen Wr. Neustadt und Aspang als Überlandleitung errichtet.

Der weitere Ausbau erfolgte dann in Etappen und dauerte Jahrzehnte, wobei die Telefonaufschließung im ländlichen Raum einigermaßen nachvollziehbar ist.

Im Jahr 1930 erfolgte der Anschluss Aspang - Mariensee, 1950 kam es vermehrt zum Ausbau öffentlicher Sprechstellen.

Solche öffentlichen Sprechstellen gab es in beiden Gemeinden von Aspang bis 1982, da selbst in dieser Zeit noch nicht jedes Haus einen Telefonanschluss hatte. Die Sprechstelleninhaber - das waren Gasthöfe, Landwirte oder private Wohnhäuser auf das Gemeindegebiet verteilt - mussten den Benützern die Möglichkeit zum Telefonieren geben. Sie verpflichteten sich aber auch, Gespräche anzunehmen und wichtige Mitteilungen weiterzusagen.

Hotel Post

Postamt Aspang 2010

1956 erst wurde das Postamt in den Selbstwählverkehr einbezogen, was eine wesentliche Erleichterung beim Telefonieren von der Sprechstelle aus nach sich zog. Damit fiel das Warten auf Vermittlung und Weiterleitung der Gespräche weg.
Eine Festnetzversorgung im gesamten Gemeindegebiet gab es dann endlich ab 1984, was bedeutete, dass jeder an das öffentliche Telefonnetz angeschlossen werden konnte. Welch eine Errungenschaft!
Seit 1965 hat Aspang die *Postleitzahl 2870*. Diese gilt für alle Wohnsitzadressen beider Gemeinden.
Für die Zustellung von Briefen und Paketen an die richtigen Adressen bis in die entlegensten Gehöfte der Gemeinden waren und sind noch immer die Briefträger zuständig.
Briefträger legten früher weite Strecken zu Fuß oder per Fahrrad zurück, was vor allem in den Wintermonaten zu erheblichen Problemen bei der Zustellung führen konnte.
Die zunehmende Motorisierung in der Nachkriegszeit hielt alsbald auch bei der Post Einzug, wenngleich die Briefträger am Land vorerst mit Mopeds das Auslangen finden mussten.
Eine allgemeine motorisierte Landzustellung, wie das in der Fachsprache heißt, begann für Aspang und Umgebung im März 1977.
Die beiden Fotos auf dieser Seite zeigen alte *„Correspondenz-Karten"*, wie sie von den Briefträgern gegen Ende des 19. Jahrhunderts ausgetragen wurden.

Alte Correspondenzkarte

Um die Geschichte der örtlichen Postfiliale besser verstehen zu können, braucht man die Querverbindung zu einigen in Österreich erfolgten Pioniertaten im Rahmen der Post:

Correspondenzkarte

15. Jhdt.:	Familie Thurn und Taxis baut das Postwesen mit „Reiterpost" auf
1624	erstes Postrecht im Großteil der österreichischen Erbländer
1722	Kaiser Karl VI. erklärt die Post zum Staatsmonopol, Kaiserin Maria Theresia und Josef II. führen regelmäßig verkehrende Postkutschen ein
1787	erster Poststempel (J. G. Khumer aus Friesach)
ab 1850	Österreich führt als 15. Land der Welt die Briefmarke (= aufklebbarer Brieftaxstempel) ein

Hauptplatz mit Hotel Post

1869 erste Postkarten werden aufgelegt - Dr. Emanuel Hermann aus Klagenfurt erfand die „Correspondenz-Karten"

1885 „Ansichtskarten" dürfen von Privatpersonen erzeugt und auf der „Rückseite" mit Fotos, Lithografien usw. gestaltet werden.

1874 Gründung des „Weltpostvereins" - erste 15 Länder, auch Österreich

1881 erstes österreichisches Telefonnetz geht in Betrieb

1883 Postsparkasse wird gegründet

1907 Aufbau des Postautodienstes

1915/1918 erste militärische bzw. zivile Fliegerpost

1928 Flugpost nach Übersee

seit 1986 EMS (Express Mail Service) für Briefe und Pakete - schnellstmögliche Beförderungsmittel werden verwendet

Die Bäche in Aspang

Text und Skizze des folgenden Kapitels entstanden im Rahmen eines Projektes an der Volksschule Unter-Aspang.

Wie wir bereits aus einigen vorangegangenen Kapiteln erfahren konnten, spielten die *Bäche* und deren Verlauf für die Ansiedelung und das Leben der Menschen an ihren Ufern immer eine bedeutende Rolle. Dies trifft vor allem auf den Bereich Mariensee - Aspang zu, wo sich die ersten Bewohner der Region alsbald die Wasserläufe zunutze machten.

An ihren Ufern entstanden Hammerwerke, Mühlen, Sägewerke und Kraftwerke.

Im Lauf der Jahrhunderte gab es immer wieder Unwetter mit Hochwasser oder sogar schwere Überschwemmungen. Um das zu verhindern, wurden die Bäche durch den Markt Aspang und weiter flussabwärts reguliert.

Woher die Bäche kommen, welche Namen sie tragen und wohin sie fließen, erklärt der folgende Sachtext.

Die **Große Pesting** entspringt am Fuße des Wechsels (als **Pöstlingbach**) und fließt durch Mariensee und Aspang. Ihr Wasser treibt zwei Turbinen des Kraftwerks Aspang an (siehe Kapitel Elektrifizierung).

Die **Kleine Pesting** kommt vom Fuße des Kampsteins, fließt die Coronastraße entlang und mündet in der Nähe des Gemeindeamtes von Aspangberg-St. Peter in die Große Pesting.

Interessant ist, dass sich beide Bäche ihren Weg durch eine „Klause" bahnen. Die Große Pesting durch die Große Klause, die Kleine Pesting durch die Kleine Klause.

Von den Ausläufern des Wechsels unterhalb Mönichkirchens kommt der **Murtalbach**. Er fließt durch den Murtalgraben und entlang der Mönichkirchnerstraße nach Aspang. Unterwegs nimmt er den **Kohlgrabenbach** und beim Teich den **Ungerbach** auf.

In der Nähe des Bahnhofes mündet er in die Große Pesting.

In Unter-Aspang fließt der **Trommelschlägerbach** aus dem Trommelschlägergraben und der **Hottmannsgrabenbach** bahnt sich seinen Weg aus dem Hottmannsgraben. Beide Bäche münden noch in Unter-Aspang in die Große Pesting.

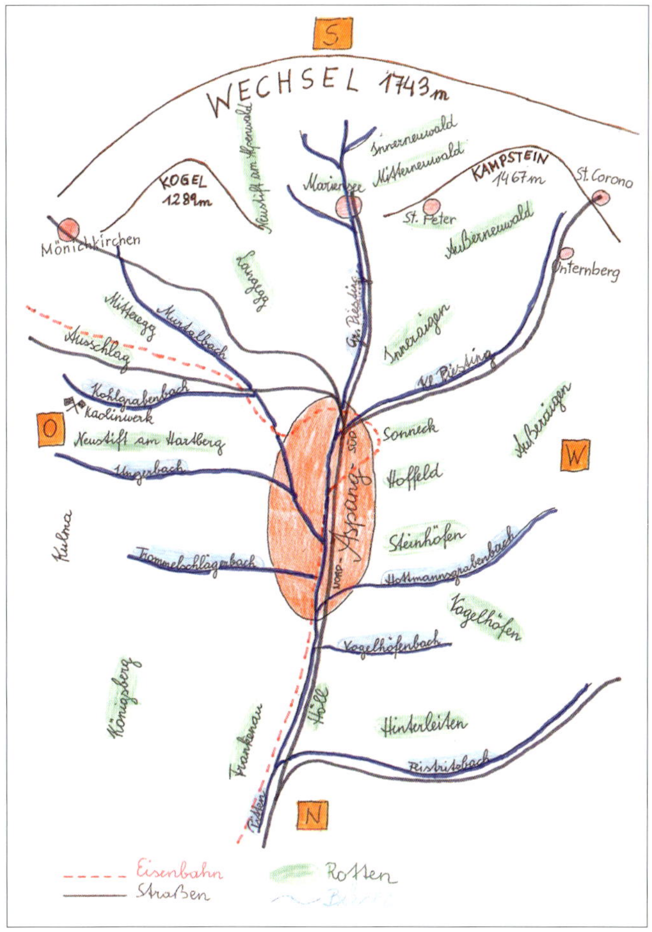

Planskizze Bäche und Rotten

Schließlich kommen wir flussabwärts zum Feistritzbach, der im Gebiet des Feistritzsattels entspringt und beim Wanghof in die Große Pesting mündet.

Ab hier heißt der Fluss Pitten. Die Pitten fließt weiter durch das Pittental nach Norden und mündet schließlich in die Leitha.

Es ist an dieser Stelle notwendig, den Leser darauf hinzuweisen, dass für die oben erwähnten Bäche mehrere Bezeichnungen gelten: Pesting = Pöstling = Pisching. Wir haben uns für erstere entschieden.

Die Wasserversorgungsanlagen

In **Aspang-Markt** wurde bereits in den Jahren **1867/68** die **1. Wasserleitung** von der Habischleiten bis zum Hauptplatz gebaut. Man fasste anfangs 3 Quellen und leitete das Wasser in Holzrohren zum Hauptplatz.
Dort gab es eine öffentliche Wasserentnahmestelle. Das „Holzhäusl" befand sich zwischen dem Haus Hauer und dem Springbrunnen. 1880 kam es dann angeblich zur Errichtung eines ersten öffentlichen Brunnens beim Hause Rigler (Hauer-Rottler) am Hauptplatz. Wie auf dem Foto unten zu sehen ist, gab es auch ein *„Wasserentnahme - Häusl"* am Platz vor dem Gasthaus Wochesländer (heute Landeskindergarten Mühlgasse) um das Jahr 1898.

Gasthaus Wochesländer mit Wasserentnahmestelle Mühlgasse

Zum Zeichen der Neuerrichtung der ersten Hochquellenwasserleitung entstand 1892 der Kaiser Franz Josef-Jubiläumsbrunnen in der Mitte des Hauptplatzes (= heutiger Springbrunnen).
Die Wasserleitung von der Großen Klause wurde schließlich *1894* in Betrieb genommen, und ab dem Jahr 1898 konnte Wasser in die einzelnen Häuser der Gemeinde Aspang Markt geleitet werden. Nach zweimaliger Erweiterungen der bestehenden Leitung (1928 und 1962) kam 1996 die Wasserleitung Mariensee-Aspang dazu.
Folgende **Quellen** werden zur Wasserversorgung genutzt:

- Klausenquellen 1 und 2 (Klausenquelle 1 mit 100 m begehbarem Stollen!)
- Kampsteinquelle
- Grollerquelle
- Weningerquelle

Klausenquelle 1 Stolleneingang

Stollen der Klausenquelle

Wenn die Quellen zu wenig Wasser liefern, wird das Wasser zusätzlich aus *Tiefbrunnen* ergänzt. Folgende Brunnen stehen zur Verfügung:

- Schulbrunnen (VS Unter-Aspang)
- Triumphbrunnen
- Horizontalfilterbrunnen Putz-Wiese

Jeder einzelne an das öffentliche Wasserleitungsnetz angeschlossene Haushalt muss mit sauberem Trinkwasser versorgt werden. Daher wird das Wasser in den Aufbereitungsanlagen durch UV-Entkeimungsanlagen gereinigt. Diese Behandlung garantiert, dass das Trinkwasser sauber und geruchlos bleibt.
Das Wasser sollte auch auf Vorrat gespeichert werden, was in den vorhandenen Speicherbauwerken geschieht. Solche Speicherbauwerke sind der Hochbehälter in Vögelhöfen und zwei Hochbehälter am Langeggerweg. Deren Speicherkapazität beträgt insgesamt 1550 m³ Wasser. Das bedeutet, dass der Wasservorrat für ca. eine Woche auch bei starker Trockenheit ausreicht.
Der durchschnittliche Jahresbedarf der Gemeinde Aspang Markt liegt bei 130.000 m³ Wasser. Damit werden ca. 1000 Haushalte versorgt.

In **Aspangberg-St. Peter** gibt es seit den **1970er Jahren** eine **öffentliche Wasserversorgung** für bestimmte Gebiete von Aspangberg-St. Peter. Waren es anfangs nur Teile der Gemeinde, die durch Wasserleitungen versorgt wurden, so ist es heute auch für die hinzugekommenen Siedlungsgebiete möglich, flächendeckend sauberes Trinkwasser zu beziehen.
In Mariensee bestand zum Beispiel zur Versorgung mehrerer Häuser schon 1961 eine Wasserleitung, 1979 kam dann eine allgemeine Gemeindewasserversorgung hinzu.
In den Jahren 1995-2000 erfolgte durch die Erschließung der Hirschgrabenquelle am Wechsel die bisher größte Erweiterung des Wasserleitungsnetzes. Eine größere Sanierung und Umgestaltung fand schließlich auch 2009 statt.
Zur Zeit gibt es 7 Quellgebiete der Versorgungsanlage, die ca. 360 Häuser und etwa 60% der Gemeindebürger mit Wasser versorgen.
Der durchschnittliche Jahresbedarf der angeschlossenen Haushalte wird mit ca. 60.000 m³ Wasser angegeben. Allein die Länge der Haupttransportleitung beträgt 25 km, dazu kommt mindestens das Dreifache an Versorgungsleitungen im Ortsbereich, die von der Gemeinde instand gehalten werden müssen.

Folgende **Quellen** werden zur Wasserversorgung nach der Sanierung 2009/2010 genützt:
Hischgrabenquellen
Fahrnerquelle
Katzgraberquellen

Überlauf Katzgraberquellen

Katzgraberquellen Sammelbehälter

Die Elektrifizierung in Aspang und Umgebung

Elektrizitätswerk

EVN Kraftwerk Große Klause

Aus Unterlagen der EVN (= Energie-Versorgung Niederösterreich) geht hervor, dass im Jahre **1901** das **Kraftwerk Aspang** an der **Großen Pesting** errichtet wurde. Es liegt an der Straße nach Mariensee und diente der elektrischen Versorgung von Aspang, Mönichkirchen, Mitteregg, Unternberg, Edlitz, Grimmenstein, Olbersdorf und Hütten. Erbaut wurde es von der Gemeinde Aspang. Ein in den Anfangsjahren des Kraftwerkes entstandener Plan damals vorhandener Stromleitungen zeigt, wie wenige Anschlüsse an die Elektrizität es zu jener Zeit in den kleineren Orten und Rotten um Aspang gab.
Im Jahr 1938 pachtete die NEWAG das Kleinkraftwerk und kaufte es 1956. Heute ist es ein Betrieb der EVN.
Das Kraftwerk selbst besteht aus einer *Wehranlage*, einem *Stollen* (ca. 1100 m lang), einem Wasserschloss, einem Druckrohr, 2 Francisturbinen und 2 Generatoren.
Um genug Leistung zu erreichen, gab es in den Jahren 1920–1950 zusätzlich ein Dieselaggregat für die Stromversorgung.
Die Jahresarbeit des Kraftwerkes beträgt 800 000 kWh (= 800 000 Kilowattstunden), das entspricht dem Stromverbrauch von etwa 230 Haushalten.
Einige Jahre nach dem Kleinkraftwerk Aspang wurde in **St. Peter** das erste **Kleinkraftwerk** gebaut, das einer Gemeinschaft gehörte. Das war im Jahr **1921**. Nur sieben Häuser und die Kirche konnten an das Stromnetz angeschlossen werden. Heute liefert dieses Kraftwerk noch immer Strom für zwei Familien in St. Peter.
Lediglich die Gutsverwaltung Schenker in Mariensee hatte schon vor 1914 eine eigene E-Werksanlage, durch welche zur Herrschaft gehörende Häuser mit Strom versorgt wurden.
Wer in der Zeit vor 1957 nicht von einem Kleinkraftwerk oder einem privaten Kraftwerk Strom beziehen konnte, hatte nur Petroleumlicht oder Kerzen zur Beleuchtung.
Im selben Jahr wurde dann endlich das ausgebaute Netz in Mariensee und St. Peter eingeschaltet.
Bei der **Martinsschleife** gab es ebenfalls ein **Kraftwerk**, das von 1901 bis etwa 1940 Strom für den Eigenbedarf er-

Martinsschleife

zeugte. Die Turbine lief anfangs mit „Riemenantrieb", was eine Besonderheit war. Beim Umbau 1948-1950 wurde auf Generatoren und Elektromotoren umgestellt und ab 1982 liefert dieses Kraftwerk an das öffentliche Stromnetz. Sechs Kleinkraftwerke in St. Peter, Mitterneuwald und Mariensee erzeugen heute noch Strom für private Häuser, die meisten wurden jedoch mit dem Ausbau des öffentlichen Stromnetzes aufgelassen.

Noch heute in Betrieb sind folgende Kleinkraftwerke für den Eigenbedarf:

seit 1921	1 Kraftwerk	Fam. Johann Haiden, Mitterneuwald 18
	versorgt 2 Häuser	Fam. Kogelbauer, Mitterneuwald 17
seit 1948	1 Kraftwerk	Fam. Franz Schlinter, St. Peter 74
	versorgt 1 Haus	
1948	Kraftwerk Mariensee	
seit 1958	1 Kraftwerk	Peter Kogelbauer, Mitterneuwald 15
	versorgt 1 Haus	
seit ca. 1950	1 Kraftwerk	Fam. Christian Hatzl, Mitterneuwald 71
	versorgt 1 Haus	
seit ca. 1946	1 Kraftwerk	Fam. Johann Rosinger, Neustift am Alpenwald 22
	versorgt 1 Haus	
seit ca. 1945	1 Kraftwerk	Fam. Johann Tatzgern, Mitterneuwald 24
	versorgt 1 Haus	

Kleinkraftwerk Haiden

Kleinkraftwerk Haiden innen

Der Teich in Aspang

Aspanger Teichanlage um 1914

Teichanlage 2010

Nach Angaben eines Chronisten soll der Teich mit anschließendem Park im Jahr **1892** vom Reichsgrafen von und zu Pergen unter Bürgermeister Josef Schweißt angelegt worden sein, um Versöhnung mit den Bürgern Aspangs herbeizuführen. Die Schlossherren lebten (siehe Gerichtsbarkeit) über Jahrhunderte mit der Bevölkerung Aspangs in Zank und Streit, und nun sollten Teich und Park *„dem Schutze des Publikums"* übergeben werden.

Um die Jahrhundertwende bot der Teich neuen Erholungsraum für die Bürger Aspangs.
Das ging sogar so weit, dass Boote für Ausfahrten über den Teich gemietet werden konnten und eine Gaststätte errichtet wurde. Später erst nutzte man ihn im Winter auch zum Eislaufen.
Ab dem Jahr 1994 war es der Gemeinde mit Unterstützung der Sparkasse Aspang möglich, das Teichareal den Ortsbewohnern zukünftig als Erholungsgebiet zu überlassen.

Teich um 1900

Das Aspanger Bad

Am Fuße des Samberges, wo sich von 1916–1920 eine Barackenanlage mit 9 Baracken befand, eröffnete die Gemeinde Aspang Markt nach nur einem Jahr Bauzeit im Jahr **1927** unter Bürgermeister Johann Auerböck das neue **Freibad**. In dem Lager waren während des 1. Weltkrieges Truppen der Ersatzbatterie des k.k. Feldartillerieregiments untergebracht.

Eine Sensation stellte der an das Schwimmbecken angebaute Sprungturm aus Holz mit einem 3-Meter- und einem 5-Meter-Brett dar.

Schon viele Jahre früher, nämlich seit **1870/71,** gab es in Aspang eine **Bade- und Schwimmanstalt.** Sie befand sich im Garten des Hauses Anton und Ludmilla Floiss in der Bahnstraße. Das war dort, wo heute Gebäude und Parkplatz der RAIBA NOE SÜD ALPIN sind.

Die Badezeiten für Damen und Herren waren damals streng voneinander getrennt. Die Herren durften drei Mal am Tag jeweils bis zu zwei Stunden das Bad benützen, die Damen zwei Mal zwischen den Badezeiten der Herren.

Mit der Eröffnung des Bades in der heutigen Badeau änderten sich diese Gepflogenheiten jedoch schlagartig.

Um den steigenden Besucherzahlen gerecht zu werden, funktionierte man 1951 den angrenzenden Sport- und Fußballplatz zur Liege- und Spielwiese um. Nach einigen Umbauten und Sanierungen sowie dem Bau des Minigolfplatzes 1965 präsentiert sich das Bad heute als gepflegte Freizeitanlage für Jung und Alt.

Haus Floiss Bahnstraße

Bade- und Schwimmanstalt 1870

Barackenanlage 1918

Bad mit Sprungturm 1934

Die medizinische Versorgung in den Gemeinden

Aus der Bürgermeisterchronik und privaten Quellen war zu ersehen, dass *„Mediziner"* schon im 18. Jahrhundert in Aspang praktizierten.
Da nur wenig bis gar nichts über die näheren Umstände ihres Wirkens für Aspang erhalten ist, erfolgt die Aufzählung in chronologischer Reihenfolge und einigen spärlichen Beschreibungen zu ihrer Tätigkeit.

1770 gab es in Aspang einen *„bürgerlichen Chirurgus"* namens **Dr. Johannes Pruner**, der im Alois Hirsch-Haus, der späteren Ledergerberei an der Zöbernstraße, tätig war.

1805 folgte am selben Ort der *„Chirurgus"* **Alfons Prunner**

1862 wurde mit **Dr. Josef von Preu** erstmals ein Gemeindearzt angestellt (Honorar: 150 Gulden jährlich). Er war auch Bürgermeister in der Zeit der Sparkassengründung.

1876 kam schließlich der *„Wundarzt"* **Dr. Otto Ebenhecht** (er erhielt als Armenarzt jährlich 125 Gulden und als Fleischbeschauer 60 Gulden).

1881 wurde der Praktische Arzt **Augustin Schuber** gleichzeitig zum Totenbeschauer ernannt

1883 **Dr. Gustav Hornung** erhielt die Stelle als Gemeindearzt, Eduard Frumann war Tierarzt und Fleischbeschauer

1887 **Dr. Arthur Laab** v. Gleisdorf wurde zum Gemeindearzt gewählt.
Im selben Jahr kündigte er die Stelle allerdings wegen angeblicher Unzumutbarkeit der Arbeitsbedingungen wieder.

1889 entschied **Dr. Karl Stocker** die Wahl zum Gemeindearzt für sich, ehe

1890 **Dr. Schmiedl** dieses Amt innehatte.

1892 kündigte derselbe nach kurzer Tätigkeit ebenfalls, wobei hier keine nähren Umstände für das Zurücklegen bekannt sind.

1892 ernannte dann die zuständige Wahlkommission **Dr. Karl Bürger** zum Gemeindearzt.

1898 kam es zur Kündigung Dr. Karl Bürgers durch den damaligen Bürgermeister Pelnitschar.
Im selben Jahr wurde auch sein Nachfolger **Dr. Julius von Szeretin** von eben diesem noch amtierenden Bürgermeister gekündigt.

1898 war schließlich eine weitere Ernennung eines Gemeindearztes notwendig, nämlich die von **Dr. Friedrich Schatzmann**. Der trat erst 1927 nach dem Antrag auf Ehrenbürgerschaft in den Ruhestand.

1908 (während des Bahnbaus) kam **Dr. Kaller** als *„Eisenbahnarzt"* nach Aspang

1928 folgte **Dr. Sepp Mayr** als Gemeindearzt Dr. Schatzmann nach.
Er leitete auch während des 2. Weltkrieges die Geburtenstation im Elisenheim.

Ärzte nach 1945 waren:

Dr. Arpad Puhalla, er kam 1946 aus Wien in das Aspanger Spital und war danach viele Jahre als praktischer Arzt in Aspang tätig, ebenso wie **Dr. Ernst Wechtl** und **Dr. Karl Brandstetter**.

2010 hat Aspang folgende praktische Ärzte: **Dr. Kurt Thomas Ziegler** (Schularzt) sowie **Dr. Elisabeth** und **Dr. Bernhard Koller**

Einige **Fachärzte** im Ärztezentrum am Hauptplatz tragen ebenso wie die zwei **Zahnärzte Dr. D. Drog** und **Dr. W. Schratt** zur medizinischen Versorgung in Aspang bei.

2010 gibt es in Aspang auch **zwei Tierärzte**, nämlich **Dr. G. Geyer** und **Dr. G. Zundl**, die für die medizinische Behandlung von Tieren im Raum Aspang zuständig sind.

Ursprünglich haben sich Tier - und Humanmedizin in den gleichen Bahnen entwickelt. Mediziner praktizierten lange Zeit in beiden Bereichen. Das Tiermedizinische Institut in Wien wurde z. B. erst 1777 eingerichtet, weshalb also auch bei uns in Aspang bis ins 19. Jahrhundert der Gemeindearzt Tierarzt und Fleischbeschauer war.

Ärztezentrum am Hauptplatz

Einige soziale Einrichtungen in und um Aspang Markt

ÖSTERREICHISCHES ROTES KREUZ
NIEDERÖSTERREICH
Aus Liebe zum Menschen.

GRÜNES-KREUZ RETTUNGSDIENST

HILFSWERK

grüner kreis

Caritas
Betreuen und
Pflegen Zuhause

Rotes Kreuz

Bereits vor **1938** bestand in Aspang eine Rotkreuz- Bezirksorganisation.
Nach dem 2. Weltkrieg wurde die Rettungsstelle *neu gegründet.* Die Gemeinde stellte ein *Rettungsfahrzeug* zur Verfügung, mit dem Kranke hauptsächlich vom bzw. zum *Krankenhaus Aspang* transportiert wurden. Die Helfer stammten großteils von der Freiwilligen Feuerwehr, als deren Mitglieder sie während des Krieges auch Sanitätsdienste zu leisten hatten.
In den Nachkriegsjahren wurden immer wieder neue Rettungsfahrzeuge angeschafft und das Personal sowie der Umfang von Kursen (Erste Hilfe) und anderen Angeboten an der örtlichen Rotkreuzstelle erweitert. Wiederholt konnten Hilfstransporte nach Rumänien organisiert und Spenden durch Aktivitäten wie Feste u.a. gesammelt werden.
Die Rettungsstelle selbst befand sich viele Jahre in der Chotekpromenade Nr. 5, heute ist die **Bezirksstelle Aspang** modernst ausgestattet in einem neu erbauten Gebäude an der Umfahrungsstraße von Aspang an der B54 untergebracht. Ihr gehören 8 hauptberufliche Mitarbeiter und viele freiwillige Helfer an. Zu betreuen sind derzeit 10 politische Gemeinden im Umfeld Aspangs und die Autobahn A2.

Bezirksstelle Aspang

In der Chronik der Rotkreuzstelle Aspang sind die wichtigsten Ereignisse festgehalten:

1926	Chronik und ein Sparbuch wurden angelegt
1947	Neugründung der Rettungsstelle

1949 Neue Bezirksstelle Aspang, Leiter Ing. Hugo Altermann

1998 Übersiedelung in die neue Bezirksstelle an der B54

Rotkreuzauto

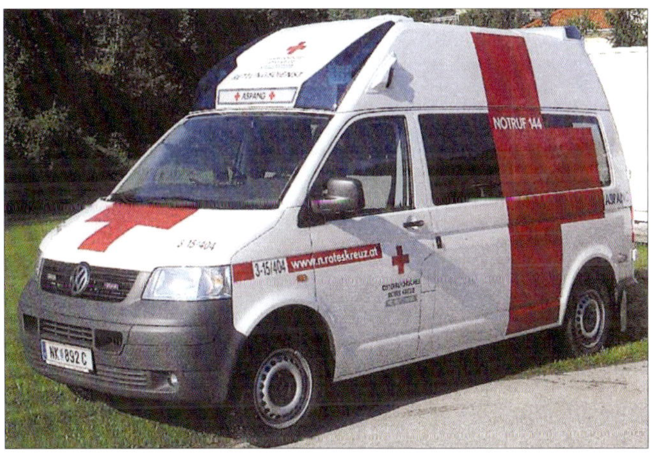

Rotkreuzauto

Grünes Kreuz

Das Grüne Kreuz gibt es seit Juni **2004 in Aspang**. Der damalige erste Stützpunkt war in der Schulgasse, und begonnen wurde mit nur einem Krankentransportwagen.

Dienststellenleiter H. Hintergräber, seine Frau Gertrude und H. Tauchner waren die ersten Rettungssanitäter vom Grünen Kreuz Aspang.

Relativ schnell mussten der Fuhrpark erweitert und zusätzliches Personal aufgenommen werden. Wegen Platzmangels war schließlich im Jahre 2005 auch eine Übersiedelung in die Hammergasse notwendig.

2009 bot sich in Aspang ein Objekt in der Andreas Ho-

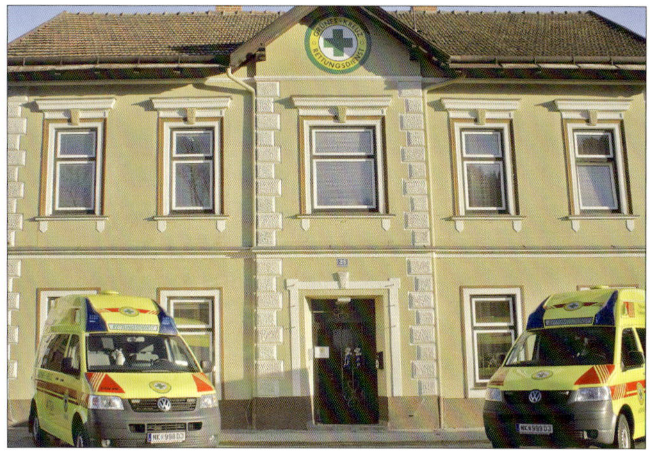

Dienststelle Grünes Kreuz

ferstraße (vormals Wohnhaus Rigler) zum Kauf an. Die Größe des Grundes und des bestehenden Hauses war für die Ansprüche der stetig erweiterten Dienststelle bestens geeignet.

So arbeiten zur Zeit insgesamt neun hauptberufliche Mitarbeiter, vier Zivildiener und fünfzehn freiwillige Mitarbeiter im Dienste Kranker und Hilfsbedürftiger.

Mannschaft Grünes Kreuz Aspang

Eine Sozialeinrichtung, die in beiden Gemeinden und auch darüber hinaus Hauskrankenpflege, Lernbetreuung und Kinderbetreuung anbietet, ist das

Hilfswerk Aspang

Es besteht seit 17 Jahren. Die angebotene Nachmittagsbetreuung können Schüler seit dem Schuljahr 2008/2009 in Anspruch nehmen.

Das Hilfswerks ist im Gebäude des Österreichischen Sozialwerks Providentia in der Johanna-Pergenstraße 6, Aspang Markt, untergebracht.

Caritas Aspang

Einst als Sozialhilfeverein gegründet, hat diese seit dem Jahr **1993** im Ärztezentrum Kirchenplatz 1 ihren Sitz. Sie bietet *Betreuen und Pflegen zu Hause* sowie Angehörigenberatung und Therapien an.
In Mariensee gibt es seit **1982** das **Karl Schubert Haus Marieensee**, eine Gesellschaft für Sozialtherapie und Lebensgestaltung. Hier werden Personen mit besonderen Bedürfnissen unter fachkundiger Anleitung betreut.

Grüner Kreis

Die von Prim. Dr. G. Pernhaupt **1983** ins Leben gerufene Institution hat ebenfalls in Aspang eine Niederlassung. Der Grüne Kreis betreibt *seit 1989* den Marienhof in Ausschlag Zöbern, das ist eine Jugendwohlfahrts- und Sozialhilfeeinrichtung mit Sonderkrankenhaus. Er ist ein Verein zur Rehabilitation und Integration von suchtkranken Personen. Eine stationäre Lang- und Kurzzeittherapie soll Betroffenen einen Weg zu einem suchtfreien Leben ermöglichen. Für Schulen bietet der Grüne Kreis auch Vorträge zur Suchtprävention an.

Die Bergrettung Aspang

Für spezielle Rettungseinsätze in unserer Heimat ist die Bergrettung zuständig. Der **alpine Rettungsdienst in Aspang** wurde **1921** als siebenter in Niederösterreich gegründet. Von den Herren Schweidl und Wogrin konnte er von der Gründung bis zum Jahr 1947 im zugewiesenen Einsatzgebiet aufrecht erhalten werden. Die Aufgaben waren anfangs, bei Bergunfällen im stark frequentierten Wandergebiet des Wechsels einsatzbereit zu sein.
1947 wurde die Bergrettung Aspang neu ins Leben gerufen und umstrukturiert. Grund für die Neuorganisation war der immer beliebter werdende Wintersport im Bereich des Wechsels, der zusätzliche Einsätze erforderte. Aus heutiger Sicht war die zur Versorgung Verletzter bereitgestellte Ausrüstung sowie die Gerätschaften eher primitiv. Zur ersten Hilfeleistung gab es Decken, Schienen oder Fixierbinden. Das erforderte viel Einsatzbereitschaft und Geschick von den zu Hilfe gerufenen Rettungskräften.
Erst in den 60er Jahren gab es große Fortschritte bei der Hilfeleistung durch die Anschaffung eines Stahlrohrschlittens.
Gebiete, in denen es wegen der vielen Stürze bei Wintersportlern zahlreiche Einsätze gab, waren die nur wenig bis „natürlich" präparierte *Koglabfahrt* und die *Sauschneiderabfahrt* Richtung Mariensee, auf der die ersten rennmäßigen Abfahrtsläufe ausgetragen wurden.
Vielen Schifahrern wurden die legendären „Sieben Rückerl" auf der Koglabfahrt zum Verhängnis, weshalb damals vorhandene Rettunsgeräte eigens in diesem Bereich der Abfahrt notdürftig deponiert wurden.
Die erste Diensthütte zum Einstellen eines Akjas und anderer Rettungsgeräte stand in Neustift am Alpenwald.
Seit der Eröffnung der Wechsellifte 1969/70 gibt es regelmäßigen Pistendienst. Die Bereitschaftsstunden sowie die Einsätze haben sich ab 2006 mit dem Umbau und Ausbau der Wechsellifte zur Panoramabahn wesentlich erhöht.
2009 wurde in der Nähe der Talstation Mariensee ein neues Bergrettungshaus gebaut.
Das Einsatzgebiet erstreckt sich heute vom Stützpunkt Mariensee bis zum Hochwechsel und dem Türkensturz in Seebenstein.

Das Amt des **Ortsstellenleiters** bekleideten bisher:

1947 - 1964	Ignaz Müller
1964 - 1979	Karl Pichler
1979 - 1980	Gottfried Lueger
1981 - 1999	Josef Schicho
1999 - 2003	Johann Kronaus
seit 2003	Franz Prenner

Die Apotheke zur Heiligen Dreifaltigkeit

Alte Apotheke 1890, Sodawasserfabrik und Bäckerei Fenz

Apotheke 2010

Eng verbunden mit der medizinischen Versorgung beider Gemeinden ist von alters her unsere Apotheke an der Ecke des Hauptplatzes mit der Adresse Kirchenplatz 2.

Die ersten Versuche, eine *„bürgerliche Apotheke"* in Aspang zu führen, gehen laut Apothekerliste in die Jahre **1770-1774** zurück.

Ein *„Apotheker"* namens Sebastian Anzinger soll nach Aussagen des *„Landschaftsphysicus"* der damaligen Zeit am Hauptplatz in Aspang eine *„Apotheke in sehr schlechtem Zustand betrieben"* haben.

Aus dem Jahr 1795 wird selbiges vom *„Apotheker"* Georg Sebastian Baumann berichtet. Unbestätigten Berichten zufolge habe es in diesem Fall sogar eine Untersagung des Verkaufs von Arzneien an Kranke gegeben. Die Ausbildung der *„Apotheker"* im heutigen Sinn gab es zu jener Zeit noch nicht. Personen, die sich mit Kräuterheilkunde und Arzneikunde ein wenig auskannten, bemühten sich daher um die Führung einer „Apotheke".

Das Gesuch zur Errichtung einer ordentlichen Apotheke des Anton Walter aus dem Jahr 1807 wurde aus ähnlichen Gründen wie vorhin schon erwähnt abgelehnt.

Erst **1825** gelang es dem **geprüften Apotheker** Karl Josef Gausrapp aus Melk eine Bewilligung zur **„Eröffnung einer Apotheke in Aspang"** zu bekommen. Anfangs hatte er sehr gegen den Handel mit Arzneien durch *„alte Weiber, Wehmütter, den Wundarzt zu Aspang und Kaufleute"* zu kämpfen. Erst nach behördlicher Verfolgung konnte dieser weit verbreitete Missstand beseitigt werden.

Wie aus einer *Denkschrift zum Anlasse des hundertjährigen Bestehens der Apotheke zu Aspang* hervorgeht, wurde diese zweimal vom *„Blitzschlag heimgesucht"*: 1912 ohne größeren Schaden anzurichten und 1923. Bei diesem zweiten Mal wurde der *Kräuterboden* arg beschädigt und alle Medikamente des umgestürzten Medikamentenkastens waren *„infolge Falles durcheinandergemischt"* und daher unbrauchbar geworden.

Apotheker der damaligen Zeit beschäftigten sich nicht zuletzt mit der selbstständigen *„Mixtur von Salben und Arzneimitteln"* sowie dem *„Zusammenbrauen"* von Spirituosen und anderen Substanzen nach eigenen Rezepturen.

So ist es kaum verwunderlich, dass Viktor Krehon nicht nur ein angesehener Apotheker, sondern ab 1883 auch Erzeuger von Sodawasser war. Er ließ dieses sogar in einem „chemischen Laboratorium" des Allgemeinen österreichischen Apotheker-Vereines überprüfen. Im Prüfbericht wurde es als *„Gebirgsquellen-Sodawasser von ausgezeichneter Güte"* beschrieben, zumal auch *„unter dem Mikroskope keinerlei gesundheitsschädliche Bestandteile zu erkennen waren"*. Somit stand der Erzeugung von Sodawasser in größeren Mengen und dem *„Vertrieb in der Umgegend Aspangs“* (Originalzitat) nichts mehr im Wege.

Erfreulicherweise liegt eine nahezu lückenlose Liste der Apotheker zu Aspang vor:

1825 - 1833 Karl Gausrapp

1833 - 1838 Karl Haller (hat sein Gewerbe *„heimgesagt“*!)

1839 - 1861 Balthasar Schmitt (war auch Lederermeister)

1861 - 1864 *„Provisorat“* Ferdinand Steiner

1864 - 1876 Josef Endl

1876 - 1878 Alfred Matter

1878 - 1881 Robert Böck

1881 - 1892 Viktor Krehon

1892 - 1893 *„Provisorat“* Anton Kamner

1893 - 1925 Ph. Mr. Hans Jeitner (verh. mit Witwe Krehon)

1925 - 1948 Ph. Mr. Adolf Krehon (Stiefsohn von H. Jeitner)

1950 Leiter der Apotheke Mr. E. Hegenbart

1952 - 1983 Mag. pharm. Wilhelm Mair

Seit 1983 Mag. pharm. Wilhelm Mair jun.

Die Standorte der Apotheke im Markt Aspang änderten sich mehrmals: Die erste Apotheke dürfte sich im Haus der späteren Bäckerei Müller an der Ecke Hauptstraße – Hauptplatz befunden haben.
Unter dem Apotheker B. Schmitt war sie im Kaufhaus Supper (heute Ärztezentrum) untergebracht.
Während der Zeit von Viktor Krehon wurden zwei verschiedene Adressen angegeben:

1881 im damaligen Haus Hauptplatz 6

ab 1885 Kirchengasse 3 (wie heute) – gekauft von Notar Josef Peitlschmied

Erster Standort einer Apotheke im Haus Ecke Hauptstraße – Hauptplatz

Vereine und andere Institutionen

Sowohl in Aspang Markt als auch in Aspangberg-St. Peter haben sich im Laufe der Jahre viele Vereine gebildet, in denen sich nicht nur Erwachsene sondern gerade Kinder sinnvoll in ihrer Freizeit betätigen können. Von einigen, die besondere Beiträge zum sozialen und kulturellen Leben liefern, konnte die Vereinsgeschichte in Erfahrung gebracht werden.

Die Freiwillige Feuerwehr Aspang

Sie wurde im Jahr **1874** gegründet, wobei es bereits einige Jahrzehnte früher Freiwillige zur Bekämpfung von Bränden gab, wie aus einem Schriftstück des Bürgermeisteramtes zu ersehen ist. In diesem ist darüber hinaus nachzulesen, dass es eine *„Aufstellung von Feuerlöschgeräten aus dem Jahr 1832"* gibt.

Feuerwehr Aspang um 1900

Die alte Fleischbank von Johann Rottler am Hauptplatz diente 20 Jahre später als erstes Rüsthaus. 1937 beherbergte es bereits 2 motorisierte Einsatzfahrzeuge.

Feuerwehrhaus Ecke Zöbernstraße

Mehr als 100 Jahre blieb die FF Aspang mit aller Gerätschaft am Hauptplatz und hatte zusätzlich in Unter-Aspang ein Depot.

Pfarrkirche und Spritzenhaus in Unter-Aspang

Im Jahr 1954 wurde das neue Rüsthaus in der Mühlgasse eröffnet und 5 einsatzbereite Feuerwehrfahrzeuge eingestellt.

Feuerwehrhaus Mühlgasse

2008 entstand schließlich ein modernes, allen technischen Anforderungen entsprechendes Feuerwehrhaus hinter dem Einkaufszentrum in Aspang.

Feuerwehrhaus Aspang heute

Einige Daten zum Feuerwehrwesen in Aspang:

Seit 1832	Verzeichnis der Feuerlöschgeräte (= Schriftstück des Bürgermeisteramtes)
1852	Rüsthaus am Hauptplatz
1874	Gründungsjahr der FF Aspang
1948	Kommandant Wocheslánder baute ehemaligen Militär-LKW zu einem Feuerwehrauto um

Umgebautes Feuerwehrauto

1954	Eröffnung des Feuerwehrhauses in der Mühlgasse
1943	Mädchen, Frauen als Feuerwehrhelferinnen
1945	Teilnahme an der Evakuierung des Marktes Aspang am 31.3.
1954 - 2008	Rüsthaus in der Mühlgasse
1972	Zubau zum Feuerwehrhaus in der Mühlgasse
2008	Einweihung und Übersiedelung in das neue Feuerwehrhaus

Die Kommandanten der FF Aspang

1874	Johann Floiss
1875 - 1889	Lorenz Kraft
1890 - 1923	Alois Pelnitschar
1924 - 1932	Johann Auerböck
1933 - 1945	Wilhelm Rottler
1945 - 1950	Robert Wocheslánder
1951 - 1968	Hermann Müller
1969 - 1970	Leopold Auerböck
1971 - 1991	Karl Ertl
1991 - 2001	Josef Mayerhofer
seit 2001	Josef Huber

Die Freiwillige Feuerwehr Mariensee

Der damalige Gutsbesitzer H.Schenker und einige Ortsansässige sorgten im Jahre **1912** für das Entstehen einer Freiwilligen Feuerwehr. Ihre Aufgabe bestand darin, bei Bränden in den zahlreichen Sägewerken und auf den entlegenen Bauernhöfen rasch einsatzbereit zu sein.
Der Revierförster Anton Bregar war Gründungshauptmann.
1923 wurde das **erste Rüsthaus**, das aus Holz gebaut war, eingeweiht. In den Anfängen nannte man das Haus für Gerätschaften *„Spritzenhaus"*, da vorwiegend Hand- oder später dieselbetriebene Motorspritzen darin eingestellt waren.
Das zweite Feuerwehrhaus wurde 1938 eingeweiht. Heute steht bereits das dritte, das 1967 fertig gestellt und 1997 erweitert wurde.

Feuerwehrhaus Mariensee 1923

Feuerwehrhaus Mariensee heute

Die Kommandanten der FF Mariensee

1912 - 1920	Anton Bregar
1920 - 1929	Franz Brunner
1929 - 1956	Josef Etschmayer
1956 - 1971	August Stickelberger
1971 - 1991	Franz Prenner
seit 1991	Josef Stickelberger

Die Freiwillige Feuerwehr St. Peter

Ihre Anfänge gehen in das Jahr **1928 zurück.** Das erste **Feuerwehrgerätehaus** in St. Peter wurde **1933** von vielen fleißigen Helfern errichtet. Wie bei allen Feuerwehren waren in dieser Zeit die ersten „Spritzen" ausschließlich Handpumpen, später erst gab es Tragspritzen.
1951 erfolgte schließlich für die Feuerwehr St. Peter die Motorisierung mit einem umgebauten Löschfahrzeug.
Das jetzige Feuerwehrhaus wurde 1974 gebaut und 1984 durch einen Zubau erweitert. Es steht an der Ortseinfahrt nach St. Peter.

Die Kommandanten der FF St. Peter

1928 - 1938	Franz Haag
1938 - 1945	Franz Schlinter
1945 - 1956	Leopold Hatzl
1956 - 1959	Johann Ofner
1959 - 1976	Anton Kremsl
1976 - 1991	Alois Schlinter
1991 - 2006	Gottfried Schlinter
2006 - 2010	Rupert Pölzlbauer

Feuerwehrhaus St. Peter

Der SC Aspang

Bereits im Jahr 1934 kam durch die Initiative des Sodawasserfabrikanten F. Klobasa, des Sägewerksbesitzers Ing. F. Rottler und des Gastwirtes Hauer ein Sportverein zustande. Bis heute bietet der Verein vielen jungen Aspangern eine sinnvolle Freizeitgestaltung mit wertvollen sportlichen Angeboten. In diesem Jahr umfasst der Sportclub neben der Kampfmannschaft auch eine Damen- und Seniorenmannschaft. Für die jugendlichen Sportler gibt es von der U7 bis zur U23 die Möglichkeit für Training und Wettkampf. Präsident des SC Aspang ist im laufenden Jahr Dir. Johann Sperhansl und Jungendleiter Franz Binder.
Die Obmänner sind aus der untenstehenden Liste zu ersehen:

Obmänner nach 1945

1945 - 1949 Ludwig Rasch

1949 - 1953 Dr. Arpad Puhala

1953 - 1959 Stefanos Zotouits

1959 - 1963 Hans Puchegger

1963 - 1965 Stefan Oszotovits

1965 - 1968 Franz Weber

1968 - 1969 Stefan Oszotovits

1969 - 1973 Hans Puchegger

1973 - 1975 Franz Pichler

1975 - 1981 Konrad Salinger

1981 - 1985 Rudolf Putz

1985 - 1986 Franz Friesl

1986 - 1988 Alois Pichler

1988 - 1995 Herbert Putz

1995 - 1999 Franz Binder

seit 1999 Josef Windisch

Österreichischer Turnerbund Aspang ÖTB Aspang (Turnverein Aspang)

Turnverein Aspang 1886

Das Gründungsjahr der damaligen „Aspanger Turngesellschaft" war 1886, als Karl Kassl und Alois Scheibenreiter wesentlich zum Entstehen dieses Vereines beitrugen. Breitensportliche Aktivitäten sollen bis heute zur Fitness und Gesundheit begeisterter Aspanger Turner und Turnerinnen beitragen. Bei vielen Wettkämpfen und Veranstaltungen zeigten die Turner des ÖTB – Aspang im Lauf der Jahre ihr Können. Es gibt seit 1986 auch eine Vereinsfahne, die im Zentrum das Gemeindewappen von Aspang Markt trägt.
In den Jahren 1923–1925 wurde das Turnhaus an der Stelle der heutigen Badkantine von vielen Freiwilligen erbaut und mit dem angeschlossenen Turnplatz eröffnet.
Aus dem Turnplatz entstand 1934 der 1. Fußballplatz des SC Aspang. Heute dient dieser als Liege- und Spielwiese des Aspanger Freibades.

Obmänner

1886 - 1891 Karl Kassl

1892 - 1900 Karl Wagner

1900 - 1902 Johann Schütt

1903 - 1911 Hermann Repicek

1911 - 1912 Josef Zottl

1913 - 1919 Dr. Franz Wickl

1919 Eduard Nemeczek

1919 - 1921 Hans Rössler

1921 - 1924 Karl Wocheständer

1924 - 1928 Josef Herbst

1928 - 1934 Karl Deiger

1934 - 1959 TV Aspang als Verein stillgelegt

1959 Neugründung durchAlois Kollecker, Karl Hauer, Cäcilia Pöschko und Anna Woppowa

1959 - 1961 Alois Kollecker

1961 - 1969 Robert Wocheständer

1969 - 1986 Dr. August Osmetz

1986 - HR Ing. Hans Auerböck

USC Mariensee

Das ist ein eher jüngerer Verein, dessen Gründungsversammlung im April 1978 in Mariensee stattfand. Die Intensität der Vereinsarbeit im Lauf der Jahre lässt sich am vielfältigen Sportangebot erkennen.

So umfasst der USC Mariensee 2010 folgende Sektionen mit den jeweiligen SektionsleiterInnen:
Fußball: Gudrun Weiß
Langlauf: Christian Prenner
Ski Alpin: Josef Schicho
Breitensport/Kultur: Alfred Dobler
Der Vereinsobmann ist zur Zeit Alois Prenner, der von seinen Stellvertretern Anton Zinkl und Gerhard Wolf sowie allen Sektionsleitern und deren Stellvertretern im Vorstand unterstützt wird.

UFC St. Peter/Wechsel

10 Jahre nach dem USC Mariensee, nämlich 1988, entstand in St. Peter ein eigener Fußballclub, der unter dem verantwortlichen Leiter Emmerich Lechner steht. Die Sportanlagen befinden sich außerhalb von St. Peter in Richtung Inneraigen.

RLV Sparkasse Aspang

SPORT union
RLV Sparkasse Aspang

Auf eine sehr intensive, ebenfalls etwas jüngere Vereinstätigkeit, blickt dieser Verein zurück. Seine Arbeit begann der RLV im Jahr 1998 unter dem Namen *Aspanger Laufsport- und Radverein*. Von Beginn an ist Anton Haindl der Obmann, der im Vorstand von seiner Frau Michaela Haindl, dem Obmannstellvertreter Gansterer Georg, sowie Ronald Ecker und Maria Danter tatkräftig unterstützt wird. Mit der laufenden Erweiterung durch neu geschaffene Sektionen innerhalb des Vereins präsentiert dieser heute ein umfassendes Sportprogramm mit einem beachtlichem Team von staatlich geprüften Trainern, Lehrwarten, Übungsleitern und Instruktoren. Das Angebot reicht von Eltern- Kind-Turnen über Sportmotorik, Lauftraining, Aqua Fit bis Rad fahren für Kinder und Turnen für Senioren. Vereinsmitglieder erzielen national und international vor allem in den Sektionen Laufen, Orientierungslauf, Mountainbike, Duathlon und Triathlon Spitzenergebnisse.

Eine der bekanntesten vom Verein organisierten Veranstaltungen ist der „Wechselkaiser", ein Mountainbike-Rennen.

Wechsellifte Mönichkirchen – Mariensee

Für den Fremdenverkehr im Sommer und besonders für den Wintertourismus der Region sind die Lifte von großer Bedeutung.
Der erste Sessellift wurde 1949 zur Ankurbelung des Fremdenverkehrs nach dem 2. Weltkrieg von Mönichkirchen auf die Mönichkirchner Schwaig errichtet. Im selben Jahr entstand sogar auf der Eingemauerten Wiese eine Sprungschanze. Nun war der Grundstein zur weiteren Erschließung der Region Mönichkirchen – Mariensee mit Liften gelegt.
Der erste Schlepplift auf der Schwaig wurde bereits 1956 gebaut, 1961 folgte der nächste und 1971 beförderten die ersten Schlepplifte Schifahrer aus dem Tal von Mariensee bis zur Steinernen Stiege.
Besondere Veranstaltungen am Sektor des Wintersports waren die österreichischen Jugendschimeisterschaften (1979) und die Österreichische Alpin-Schimeisterschaft (1980) in Mariensee.
Erwähnenswert ist vielleicht auch, dass 1981 die erste N.Ö. Schischaukel mit gemeinsamer Tageskarte für Mönichkirchen-Mariensee ins Leben gerufen wurde. Bald zeigte sich, dass es in schneearmen Wintern für eine wirtschaftlich gute Auslastung der Lifte notwendig wurde, Beschneiungsanlagen zu planen und zu installieren. Dies erfolgte sodann 1991 beim oberen Lift in Mariensee, 1993 auf der Mönichkirchner Schwaig und 2009 schließlich voll ausgebaut in Mariensee. Die Wechselland Entwicklungs GmbH, welche seit 2005 als Betreiber der Liftanlagen fungiert, errichtete zuletzt zwei Viererbahnen, die Sonnenbahn Mönichkirchen und die Panoramabahn Mariensee. Schlussendlich folgte im Jahr 2007 die Schwaigbahn. Auch ein Tellerlift und ein Seillift stehen den Wintersportlern zum Eingewöhnen und Üben zur Verfügung.
Langlaufloipen wie die **Wechsel-Semmering-Panoramaloipe** und die *Langlaufloipe Mariensee* vervollständigen das Angebot für Wintersportler.

Der Österreichische Kameradschaftsbund Aspang

Bei besonderen Anlässen in Aspang tritt dieser Verein mit Uniform und Vereinsfahne in Erscheinung.
Er entstand *1901* unter dem Namen *Militär Veteranen Verein Graf v. Pergen für Aspang und Umgebung.*
Nach dem 1.Weltkrieg, im Jahr 1922, wurde der Name in *Kameradschaftsverein ehemaliger Krieger in Aspang* umgeändert.
Seit *1904* gibt es die erste Vereinsfahne mit Doppeladler und eine Uniform, 1926 erwarb der Verein eine zweite Fahne.
Während des zweiten Weltkrieges, eigentlich bis *1957,* sind nirgends Aufzeichnungen über eine fortgeführte Vereinstätigkeit zu finden.
Im selben Jahr erhielt der Verein die Bezeichnung *Österreichischer Kameradschaftsbund, Landesverband N.Ö., Ortsverband Aspang.*
1968 gab es neuerlich eine Fahne für den Kameradschaftsbund, die insgesamt dritte für den Verein.

Obmänner

1901 – 1924	Walter Rauscher
1924 – 1927	Ferdinand Brandstätter
1927 – 1938	Alois Supper
1957 – 1967	Karl Deiger
1967 – 1989	Karl Steinschaden
1989 – 2000	Hermann Putz
2000 – 2006	Johann Rigler
seit 2006	Robert Berger

Der Kirchenchor in Ober-Aspang

Neben den Vereinen und Verbänden existieren in beiden Gemeinden mehrere Chöre, die zur musikalischen Umrahmung vieler kirchlicher Feste beitragen. Über das Entstehen des Kirchenchors der Pfarre Ober-Aspang liegen keine schriftlichen Unterlagen auf und es ist auch kein Gründungsdatum zu eruieren, da der Chor bis heute nicht als Verein geführt wird. Bekannt ist aber, dass Mitte der 1920er Jahre bereits Chortätigkeit herrschte, da der damalige Bürgerschuldirektor *Karl Gassner* als Chorleiter aufscheint. Dies ist ersichtlich aus in jener Zeit datierten handgeschriebenen Noten.
Der Chor sang damals in der *Pfarre Unter-Aspang* und in der Filialkirche Ober-Aspang, bis er sich 1938 auflöste. Ob der Chor während des 2.Weltkrieges in anderer Form aktiv war, konnte niemand sagen.
Nach einem erst kürzlich gefundenen Festprogramm fand im September *1946* in der Filialkirche Ober-Aspang ein Kirchenkonzert statt, das der Kirchenchor veranstaltete. Dirigent war Kapellmeister Robert Brock sen., Orgel spielte Karoline Wagner. Ab dieser Zeit dürfte wieder regelmäßige Probentätigkeit geherrscht haben.
Der Kirchenchor besteht heute aus rund 25 Sängerinnen und Sängern, die sich einmal pro Woche für eine Chorprobe treffen um Lieder und Messgesänge für die kirchlichen Feste einzustudieren.

In letzter Zeit gab es auch einige gemeinsame Auftritte mit dem Kirchenchor Unter-Aspang und dem Männergesangsverein.
Das *Patrozinium am 4. Mai* stellt einen Höhepunkt im Kirchenjahr dar, an dem der Gottesdienst vom Chor besonders feierlich gestaltet wird. Das Patrozinium ist das Fest des jeweiligen Kirchenpatrons, in dem Fall das des Hl.Florian.Auch das Adventsingen am 1. Adventsonntag, 2009 bereits zum 33. Mal, ist für die Sänger eine wahre Herausforderung.

Die Chorleiter des Kirchenchores, soweit bekannt:
Karl Gassner
Herr Hunschovsky
Robert Brock sen.
Dir. Hans Wenz (ca. 1953 - 1972)
Gottfried Tauchner (1973 - 1978)
HOL Ernst Wolfsbauer (seit 1978)

Der Kirchenchor in Unter-Aspang

Wann der Kirchenchor in Unter-Aspang seine Gesangsproben und Aufführungen begonnen hat, ist leider auch nicht bekannt. Erwiesen ist nur, dass VD Tobler Leopold den Chor von 1945 bis 1956 leitete. Mit viel Engagement und der Unterstützung seiner Gattin wurden während der Nachkriegsjahre im Hotel Schwarzer Adler am Marienplatz von den Chormitgliedern sogar Theaterstücke aufgeführt.
VD Bruno Pagac folgte seinem verdienten Vorgänger in der Zeit von 1956 bis 1984 als Chorleiter und Organist zu Unter-Aspang. Nach ihm kam HOL Hermann Haider in den Jahren 1984 bis 1996. Er leitet nun den mehrfach ausgezeichneten *Chor Soundhauf'n*, der 2009 sein 20jähriges Jubiläum feierte. Seit 1996 dirigiert Viktoria Konopiski den Kirchenchor, der für die musikalische Gestaltung kirchlicher Festtage, Hochzeiten und Begräbnisse der Pfarre Unter-Aspang verantwortlich zeichnet.

Der Kirchenchor St. Peter

Da die erste Orgel der Kirche zu St. Peter am Neuwald aus dem Jahr 1836 stammt nimmt man an, dass es etwa um diese Zeit auch schon *einige Sänger* gab, die in der Kirche bei bestimmten Anlässen als Chor auftraten.
Man weiß, dass ein Herr *Franz Weninger* (1861-1929) Mesner, *Organist* und *Chorleiter* war und sich um das Jahr 1900 bereits eine Bläsergruppe zur musikalischen Umrahmung von Messen fand. Wie alle Kirchenchöre hat der genannte die Hochämter zu Ostern, Pfingsten und Fronleichnam zu gestalten. Zu Peter und Paul, dem Patrozinium der Pfarrkirche St. Peter, beim Erntedank, zu Allerheiligen wie zu Weihnachten, bei Hochzeiten und bei Begräbnissen das Requiem wird ebenfalls vom Chor gesungen.
Chorleiter des Kirchenchores St. Peter waren:
August Weninger („Zittern-Gustl"), Sohn und Nachfolger von Franz Weninger
Peter Kuntner (geb. 1899, gest. 1934): Er kam 1929 aus Unter-Aspang nach St. Peter, wo er auch wohnte. Jener galt nicht nur als begnadeter Komponist und Organist, sondern er komponierte auch *großartige Festmessen*, die noch heute aufgeführt werden.
Zu Fronleichnam ist es zum Beispiel Tradition, dass bei den jeweiligen Altären Lieder des Komponisten gesungen werden, unterstützt durch eine Bläsergruppe des Musikvereins Aspangberg-St. Peter.

Peter Kuntner wurde oft durch
Peter Weninger (1913-1984) vertreten, dem dann
Franz Schlinter (1921-2008) folgte. Er leitete den Chor ab 1934 und war wie einige seiner Vorgänger auch Organist und Mesner.
Heinrich Kogelbauer übernahm den Chor 1992-2000, und neuerlich 2008 (Sohn Heinrich ist Organist).
Martina Secco war mit den Agenden einer Chorleiterin in den Jahren 2000 bis 2008 betraut.
Viele Jahre spielte auch die Instrumentalbegleitung zu diesem Kirchenchor (Bläser, Geigen, Pauke,...) eine wichtige Rolle. Ihre Solisten waren Anton Moucka, Franz Wiesbauer, Peter Rigler, Hermine Wiesbauer (und viele andere). Sie unterstützten damit den Chor tatkräftig.

Originalnoten Messe P. Kuntner

MGV Liedertafel Aspang

Kulturell engagierte Aspanger unter Oberlehrer Schwinger haben 1893 einen Männergesangsverein ins Leben gerufen, der den Namen Liedertafel Aspang trägt und bis heute eine rege Vereinstätigkeit mit Höhen und Tiefen aufweisen kann. In der langen Zeit seines Bestehens bestritt er zahlreiche Auftritte bei Festen, Feiern, Liedertafeln, Messen, Familienabenden und ähnlichem.

Als Chorleiter sind bekannt:

1. Chorleiter: Michael Schwinger 1893- ?

Nachkriegszeit ebenso wie Zwischenkriegszeit unbekannt

bis 1952	Ziehrer
1953 - 1955	Bartl Wilhelm
1956 - 1972	Dir. Hans Wenz
1973 - 1985	Dir. Pagac Bruno
1986 - 1996	Ch. Faustmann
1997 - 2002	Mag. Ch. Handler
2002 - heute	OSR Kager Karl

MGV Aspang

Die örtlichen Musikkapellen

Gesellenverein Kapelle

Seit vielen Jahren existieren zwei Musikkapellen, eine in Aspang Markt und eine in Aspangberg-St. Peter. Beide tragen wesentlich zur musikalischen Bildung junger Menschen und zur Brauchtumspflege bei.

Die Marktkapelle Aspang

Auch die Anfänge der Marktkapelle Aspang lassen sich nicht exakt nachvollziehen, es sollen diese aber um das Jahr 1920 gelegen sein, wo eine kleinere Gruppe von Spielleuten miteinander musizierte und öffentlich auftrat. Ab **1925** bestand die so genannte **Gesellenverein-Kapelle** (Kolping-Kapelle), die bis 1938 an diesen Namen festhielt. Von 1938 - 1943 gab es zwar eine Musikkapelle, zwischen 1943 und 1946 war aber wegen des Krieges kein Spielbetrieb. Die meisten Musiker waren „eingerückt", das heißt, sie wurden zum Kriegsdienst eingezogen.
Bis zum Jahr 1948 existierte die sogenannte *„Eisenbahner-Kapelle Aspang"*. Sie nannte sich so, weil viele Mitglieder den Beruf des Eisenbahners ausübten und zugleich auch eine entsprechende Uniform als einheitliche Kleidung vorhanden war. Ab 1949 liegen endlich sichere Aufzeichnungen über eine Kapelle in Aspang Markt vor.
In diesem Jahr wurde dann auch der Musikverein Aspang gegründet, der diesen Namen bis 1963 trug. **Seit 1964** heißt die sich immer wieder erneuernde Gruppe begeisterter Musiker **Marktkapelle Aspang**. Mehrmals erspielte diese Kapelle bei Wertungsspielen ausgezeichnete Erfolge. Die Marktkapelle Aspang gestaltet seit deren Bestehen vornehmlich weltliche und kirchliche Feste und Feiern mit.

Eisenbahnerkapelle

Marktkapelle Aspang

Marktkapelle Aspang heute

Die Kapellmeister bisher waren:

Spieglgrabner
Subitsch
Bachner (Schneider)

(Obige Reihenfolge ist mündlich überliefert und eventuell nicht ganz exakt).

1936 - 1938	Brock sen.
1938 - 1943	Franz Moschna sen.
1944 - 1945	Kein Spielbetrieb
1946 - 1947	Hofstetter (Wiener Neustadt)
1947 - 1949	Hofer (Zöbern)
1949 - 1951	Franz Riegler
1951 - 1973	Dir. Leopold Tobler
1973 (1/2 Jahr)	Johann Punkl
1973 - 1974	Bruno Pagac
1975 - 1976	Josef Höller
1976 - 1987	Franz Moschna jun.
1987 -	Hans Makos

Obmänner:

1949 - 1951	Wilhelm Vöhringer
1951 - 1964	Ing. Franz Rottler
1964 - 1969	Josef Scambor
1969 - 1976	Franz Moschna
1976 - 1988	Josef Lichtenauer
1989 - 1992	Otto Wurzinger
1993 - 2000	Franz Moschna
2001 - 2009	Gerhard List
2009 -	Alfred Traint

Die Musikkapelle Aspangberg-St. Peter

Da sich in den Anfängen dieser Kapelle Musiker privat zu einer Gruppe formierten und „aufspielten", liegt auch in diesem Fall keine öffentliche Gründungsurkunde auf.
Eine erstmalige Erwähnung unter dem Namen **„d' Fuchsn"** gibt es aus ca. **1850,** da ein Herr *Fuchs* (Vorname Jakob oder Leopold, nicht bekannt) mit ziemlicher Sicherheit in annähernd diesen Jahren Kapellmeister war.
Ein gewisser Herr *Leopold Fuchs*, der nachvollziehbar bei der Militärmusik diente, schrieb in den Jahren 1854 bis 1904 *Noten für Harmoniemusik* in Mailand, die noch im Original für die Kapelle vorhanden sind.

Zu Beginn spielten die Musiker ohne einheitliche Tracht bei kirchlichen Festen und Hochzeiten, auf Bauernhöfen und bei anderen Feierlichkeiten.
In der Zwischenkriegszeit, ab etwa **1930**, nannte sich die Kapelle ***Heimatkapelle Fuchs.*** Die Musiker trugen erstmals eine Uniform und spielten außer bei kirchlichen Anlässen *erste Platzkonzerte in Gastgärten* und auch *Bälle in der Faschingszeit.*
Von 1938 bis ca. 1950 gibt es neuerlich keine Aufzeichnungen über das Bestehen.
Danach begann sich die Kapelle abermals unter einem „Fuchs", diesmal *Kapellmeister J. Fuchs*, zu formieren - wieder ohne einheitliche Tracht.
Ab 1952 trugen die Musiker die erste selbst zusammengestellte Uniform: Tellerkappe, grauer Uniformrock mit Silberknöpfen, schwarze Hose, grüne Krawatte.
1974, 1988 und 2004 wurde die Kapelle noch einmal mit neuen Trachten eingekleidet.
Der Name der Musikkapelle änderte sich noch weitere zwei Mal:
1964 trat sie unter dem Namen Musikverein Aspangberg auf und 1994 wurde sie in **Musikkapelle Aspangberg-St. Peter** umbenannt. Mit dieser Bezeichnung präsentiert sie sich auch heute noch.
Das Vereinslokal ist das Musikerheim im 1995 erbauten Mehrzweckhaus am Hoffeld.
Eine besondere Auszeichnung erhielt die Musikkapelle unter anderem 1999, nämlich den Ehrenpreis des Landeshauptmannes von NÖ in Gold für neunmaligen „ausgezeichneten Erfolg" bei Konzertmusikbewertungen.

Die *Kapellmeister* bisher waren:

ca. 1850 - 1904	Jakob oder Leopold Fuchs
1905 - 1934	Leopold Fuchs
1934 - 1937	Josef Fuchs
ca. 1950 - 1977	Johann Fuchs
1977 - 1992	Johann Geyer
1992 -	Mag. Franz Reiterer

Musikkapelle d' Fuchsn

Musikkapelle Aspangberg-St Peter

Die gesellschaftliche und wirtschaftliche Entwicklung Aspangs

Das gesellschaftliche Leben Aspangs war über Jahrhunderte nicht von der wirtschaftlichen Entwicklung zu trennen.

Schon während der ersten Siedler hatte sich Aspang wegen seiner günstigen Lage zu einem wichtigen Zentrum für Handel und Erzeugung entwickelt.

Selbst aus der Entstehung des Namens, der wie erwähnt in die 2. Hälfte des 8. Jahrhunderts fällt, lässt sich ein *„Handelsweg zu Wasser und zu Land"* zwischen dem heutigen Ungarn und der jetzigen Steiermark zurückverfolgen.

Zur Zeit der Adelsgeschlechter als Schlossbesitzer bestand die Bevölkerung Aspangs aus den **Grundholden**, das waren dem Adel zu Abgaben verpflichtete Grundbesitzer, dem Bürgertum, das die „Freiheit des Marktes" vertrat und den Untertanen, auch Kleinhäusler genannt.

Aspang trug ab dem 14. Jahrhundert den Namen *„Freier Markt"* und behielt diesen bis zur Änderung des Gemeindegesetzes im Jahr 1849 bei. Hatten Orte mit dieser Bezeichnung hinsichtlich ihrer wirtschaftlichen Selbstverwaltung die vergangenen Jahrhunderte besondere Vorteile, so wurden 1849 die Unterschiede aufgehoben und alle Orte gleichgestellt.

Einige solcher Privilegien waren die von Kaiser Ferdinand II. 1621 dem Freien *Markte Aspang* zugestandene *„freie Weineinfuhr aus Ungarn"* und die *„Mautfreiheit"*.

Sogar Kaiserin Maria Theresia bestätigte dieses Vorrecht 1744 urkundlich noch einmal.

Weiters wurde etwa unter der Regierung Kaiser Franz II. Aspang im Jahr 1819 *„das Privilegium zur Abhaltung von 4 Jahrmärkten erteilt, also 3 davon in Ober-Aschpange, 1 zu Unter-Aschpange"*. (Originalzitat)

So ganz nebenbei unterstanden diese Märkte im Gegensatz zu den „untertänigen Gemeinden" der unmittelbaren *Aufsicht der landesfürstlichen Behörden*. Damit war verbunden, dass sie ihre *„Magistratualen"*, das waren die für die Gemeinde Verantwortlichen, selbst wählen konnten. Ebenso waren sie in der *Vermögensverwaltung* für ihren Ort freier als die anderen. Der *Freie Mark*t war natürlich auch dem jeweiligen Adelsgeschlecht der *„Herrschaft Aspang nicht untertänig"*, was zu ständigen Auseinandersetzungen zwischen den Aspanger Magistratualen und den Großgrundbesitzern führte. Besonders die Einhebung der Maut an der Zöbernstraße, in Unter-und Ober-Aspang, war ein steter Zankapfel zwischen den beiden und beschäftigte die örtliche Gerichtsbarkeit.

Das Leben der Bürger in Aspang war demnach einerseits ein sehr eigenständiges und freies, andererseits aber von zunehmender Dominanz der Besitzer von Schloss und Herrschaft geprägt.

Diese Gegensätze waren nicht nur durch den Freien Markt gegeben, sondern hatten auch mit den ständig wechselnden Besitzern des Schlosses und deren Umgang mit den Untertanen zu tun.

Über regelmäßigen Handel mit verschiedenen Waren weisen später datierte Dokumente aus dem Schlossarchiv hin. Sie berichten vom Bau einer Brücke über den *„Bach zu Unteraschpang"*, der 1772 wegen der damals anscheinend sehr wichtigen *„Überbringung unserer k.k. Saltzfuhren höchst notwendig war"*.

Auch von zahlreichen *Reisenden* durch Unter-Aspang wird erzählt, und dass es bei *„ereigneter Anschwellung des Baches"* wegen der dort zu bezahlenden *„Herrschafts-Mauth"* vonnöten war, einige Tage bis zum Ablauf des Wassers in „Ober-Aschpang" zu verbringen, damit *„Personen und Fuhrwerk kein leids geschehe."*

In den folgenden Jahrhunderten, in denen Aspang seinen Aufschwung im wirtschaftlichen und gesellschaftlichen Leben nahm, gewannen das Gewerbe und der damit einhergehende Handel zunehmend an Bedeutung.

Selbst in den schwierigen Jahren des Ersten und Zweiten Weltkrieges und der Zwischenkriegszeit waren beide Aspanger Gemeinden immer bemüht, Standorte für Handwerk und Gewerbe zu erhalten und neu zu schaffen.

Auch in der Jetztzeit wollen sie als Mitglied der *Wirtschaftsplattform Wechselland* aktiv an der wirtschaftlichen Entwicklung der Region mitwirken.

Viele traditionelle und neu gegründete Betriebe arbeiten für eine ertragreiche Zukunft Aspangs.

In der **gesellschaftlichen Entwicklung** spielte im 19. Jahrhundert auch das *„Gemeinwohl"* eine besondere Rolle. Darunter verstand man zu jener Zeit das *gemeinschaftliche und gemeinsame Aufkommen* für Arme und Waisen.

In der Gemeinde Aspang jedoch gab es dieses soziale Engagement der Bürger schon lange vorher. Demnach kann erstmals bereits 1653 urkundlich nachgewiesen werden.

dass die *„wohlgemeinten Bürger von Aschpange die Obsorge für das Armen- und Waisenwesen"* übernahmen.
1898 entstand sogar ein *Bürgerarmenhaus* in der Bahnstraße ehe es in das damalige Schulhaus, wo heute der Pfarrhof in Ober-Aspang steht, verlegt wurde.
Der bis 1895 von der Gemeinde verwaltete Bürgerspitalfond war eine Ansammlung von Vermögenschaften, die nur zur *„Betheilung bedrängter Bürger Aspangs"* herangezogen werden durfte. Bürger Aspangs waren nur jene, die zu dieser Zeit das Bürgerrecht innehatten.
Der nichtbürgerliche Arme musste vorwiegend bei Bauern um Nahrung und Wohnung bitten und war meistens gezwungen, von einer Wirtschaft zur anderen zu ziehen und im Stall zu übernachten. Werden diese Menschen von Chronisten vielfach als *„Umageher"* bezeichnet, so kennen wir sie später als vielfach harmlose *„Bettler"*, wie z. B. den „Kropfbertl" oder den „Dipplfechter", der den Namen wegen seiner vielen Beulen am Kopf trug. Einige von ihnen zogen gar bis in die 1990er Jahre bettelnd durch unsere Gegend.
Zur Versorgung älterer Menschen in Aspang gibt es zurzeit das Österreichische Sozialwerk Providentia in der Johanna Pergen-Straße 6.

Handel und Gewerbe

War es anfangs eher der Ertrag aus landwirtschaftlicher Nutzung des heimatlichen Bodens, wie etwa Getreideanbau, Viehzucht, Holzhandel usw., entwickelten sich später wie auch sonst vielerorts die **Zünfte** der im Raum Aspang ansässigen Handwerker. Besonders die Vereinigungen der Lederer, Gerber, Weber (jene vorwiegend als Hausindustrie), Schmiede, Fleischhauer, Tischler, Zimmerer, Müller, Bäcker und anderer waren Repräsentanten für blühendes Gewerbe.
Im 15. Jahrhundert wurde von Pitten auf dem sogenannten Eisenweg (heute Langeggerstraße - Langeggerkreuz) *Eisenerz nach Mariensee* befördert und dort geschmolzen. In Mariensee erzeugte man nämlich die zur Schmelze benötigte Holzkohle. Wegen zu hoher Kosten stellte man die **Eisenerzeugung** später ein. Das Knappenkreuz in Unter-Aspang (siehe dort) erinnert heute noch an diese Zeit. Es trägt die Jahreszahl 1490, wodurch eine zeitliche Einordnung der „Eisen-Erzeugung" relativ genau möglich ist.
Etwa 300 Jahre später war Mariensee neuerlich Zentrum für die Herstellung von Waren aus dem Rohstoff Eisen. So geht aus einem Pachtkontrakt von 1793 hervor, dass Graf Pergen dem Anton Manz von Mariensee zur Errichtung der **Hammerwerke** *„einen zur Herrschaft Aspang gehörenden Alpenwald überlässt"*. Im Zuge dessen hatte er sich das Recht ausbedungen, das Hammerwerk *„nach seinem Prädikate* Mariensee" zu nennen. Noch in diesem Jahr begann das Hammerwerk die Arbeit, wurde 1795 jedoch wieder vom Grafen Pergen von Aspang zurückgekauft. Er soll in der Folge mehrere Hammerwerke im Tal von Mariensee betrieben haben.
Zwei Brände in den Jahren1804 und 1826 zerstörten das ursprüngliche Hammerwerk. Nach dem ersten Brand baute man es unter *„mercklichen Entbehrlichkeiten der Arbeiter"* wieder auf und erzeugte am *„selbigen Orte"* um das Jahr 1824 sogar Sensen.
Mitte des 19. Jahrhunderts wurde nach dem Verkauf an die Familie Österlein, Besitzer einer Wiener Gewehrfabrik, der Betrieb endgültig eingestellt und die Bauten verfielen.
Die Besitzer der Herrschaft Aspang versuchten etwa um 1700 sogar die Glaserzeugung im Bereich vom heutigen Neustift am Alpenwald anzukurbeln. Der wirtschaftliche Erfolg dürfte allerdings ausgeblieben sein.
Ein sehr beständiges und damals für die Lebensgrundlage notwendiges Gewerbe war das der Müller. Da der Anbau von Getreide und die Verarbeitung desselben zu Mehl ein wesentlicher Bestandteil für die Ernährung der hier angesiedelten bäuerlichen Bevölkerung war, kamen immer mehr Müller in die Gegend.
Entlang der Bäche entstanden im Lauf der Jahrhunderte sehr viele **Mühlen,** die meistens zu einzelnen Bauerngehöften gehörten und Mehl für deren Eigenbedarf erzeugten.
Im Mühlenbuch der Herrschaft Aspang aus dem Jahr 1600 wurden über bestehende Mühlen, deren *„Erträge beim Mehl"*

Tal der Mühlen um 1900

und die *„befundene Zahl der Müller und Müllergehilfen"* Aufzeichnungen geführt.
Um 1900 zählte man in der Großen Klause ca. 16 Mühlen, die zu verschiedenen Bauernhöfen gehörten. Viele davon sind heute verfallen, einige noch erhalten und zu Wochenendhäusern umgebaut.
Auch im Hottmannsgraben standen Mühlen, wie etwa bei der Familie Koglbauer oder der Familie Morgenbesser (= Irgler). In der Kleinen Klause gab es ebenfalls Mühlen, zum Beispiel beim Haus von Pichelbauer Matthias.

Mühle Morgenbesser

Ab dem Jahr 1945 nahm in Aspang die *Mühle der Familie Sitte* als Lohn- und Handelsmühle ihren Betrieb wieder auf. Nachfolger waren Otto Perl und zuletzt W. Haidbauer. Es gab sehr genaue *„Vermahlungsrichtlinien"* für Brotgetreide und über *„Mehlabschnitte"* Rationierungen zum Mahlen von Roggen und Weizen. Heute finden wir in Aspang keine Lohn- oder Handelsmühle mehr.
Nur die „Mühlgasse" in Aspang-Markt, welche nahe am Pestingbach verläuft, hat ihren Namen von den Mühlen, die einmal dort standen.
In die Zeit des 19. und 20. Jahrhunderts fällt auch die Hochblüte der **Holzverarbeitung in Sägewerken**. In Aspang gab es 2 Herrschaftssägen (heute Areal Fa. H. Auerböck an der Straße nach St. Corona und neue Wohnhausanlage in der Bahnstraße), die Doppelreiter-Säge (Mönichkirchnerstraße), die Rottler-Säge und Grass-Säge (gegenüber Hauptschule Aspang), die Kienzl-Säge, die Putz-Säge (Unter-Aspang) und viele andere.

Ehemalige Herrschaftssäge im Vordergrund

Wegen der Nähe zu ausgedehnten herrschaftlichen und privaten Wäldern sowie der frei nutzbaren Kraft des Wassers waren gerade in Mariensee mehrere Sägewerke zu finden. Die Christinen-Säge oder die große Säge der Gutsverwaltung Schenker, die bis 1995 in Betrieb war, verarbeiteten Holz aus den umliegenden Forstbetrieben. Vor allem aber wurde eine zeitlang die für die Gerbereien in Aspang so wichtige Rindenlohe erzeugt.
Heute gibt es in der Gegend nur noch wenige private Kleinsägen, die Holz für den Eigenbedarf schneiden.
Das größte zur Zeit noch bestehende Sägewerk ist das der Familie Schmidt, das ehemalige Sägewerk Frankenau. In der wechselvollen Geschichte dieser Säge fand sich sogar eine Schierzeugung, die jedoch nicht rentabel war

Bau der Säge Frankenau 1910

und daher bald wieder eingestellt wurde. Heute ist der Standort nicht nur Sägewerk, sondern zeichnet auch für Holzhandel sowie Energie- und Fernwärme als Biomasse-Heizkraftwerk.

Andere holzverarbeitende Handwerksbetriebe waren die Wagner und Fassbinder. Zwischen Postgebäude und Gasthaus Auerböck stand die 1906 abgebrannte Wagnerei Sander.

Der letzte Fassbindermeister in Aspang war Johann Gräf. Nicht viele der holzverarbeitenden Betriebe der vorigen Jahrhunderte wie Tischlereien oder Zimmereien wurden weitergeführt oder bestehen heute noch, manche wie etwa die Wagnereien sind von den KFZ-Betrieben abgelöst worden.

Mit zunehmender Bedeutung des Handwerks entstand im Mittelalter (6. bis 15. Jahrhundert) in Mitteleuropa das **Zunftwesen,** das die gesellschaftlichen und wirtschaftlichen Vorgänge über Jahrhunderte stark prägte.

Zünfte waren Verbände von Handwerkern und Gewerbetreibenden, denen jeweils Meister, Gesellen und Lehrlinge eines Handwerkszweiges angehörten. In den Handwerksordnungen (= *Zunftstatuten*) waren Arbeitszeit, Dauer der Lehr- und Gesellenjahre (= Wanderjahre), die Zulassung zur Meisterprüfung, die Bringung der Rohstoffe, deren Verarbeitung und Verkauf sowie die Preisgestaltung genau festgelegt. Jede Handwerksvereinigung hatte Zunftzeichen und eine Fahne.

Gegen Ende des 18. Jahrhunderts, mit der Verbreitung des Massenhandwerks, verkamen die Zünfte immer mehr und verloren auch ihre sozialen und religiösen Funktionen.

Es löste sich zu dieser Zeit auch die vorher übliche Einheit von Arbeit und Wohnen auf, das heißt die Gesellen wohnten und aßen nicht mehr im „Meisterhaus".

Im späten 19. Jahrhundert verloren die Zünfte völlig an Bedeutung und damit auch viele der handwerklichen Berufe, die in Fabrik, Manufaktur oder Verlag aufgingen.

Die Handwerker und Inhaber eines Gewerbes in Aspang waren auch in Zünfte aufgenommen, deren Hauptladen (= Aufbewahrungsort für Zunftordnung und Protokolle) sich großteils in Neunkirchen befanden. Aufzeichungen aus dem 17. und 18. Jahrhundert belegen dies für die Bäcker, Fleischhauer und Zimmerleute Aspangs. Den Tischlern ist sogar schon im Jahr 1517 von Richter und Rat des kaiserlichen Marktes Neunkirchen eine Handwerksordnung erteilt worden.

Der Versammlungsort der **Lederer,** von denen es in Aspang auch welche gab, war Vorau. Aus dem Jahr *1611* datiert ist ein Protestschreiben der Zunft an den damaligen Erzherzog, das sich *„wider die auslendischen Lederer alß Pinggafelder, Aspanger und Kürchschlager"* richtete. Diese führten ihre Waren in deren Revier ein und taten ihnen *„das Prott vor dem Maull abzuschneiden unterstehn"*. Auch beschwerten sie sich, dass die Aspanger unter anderem es anlegten *„uns erthailte Freyhaiten zu vernichten"* und „die *Processiones undt Fahnentrager zu verlachen und zu verspotten"*.

Um 1780 gab es nach einem alten Verzeichnis der *„Lederer Viertellade in dem Markte Aschpang"* noch immer mehrere Lederer in Aspang, aus denen sich später die Gerbereien entwickelten.

Die bekannteste war wohl die **Gerberei Hirsch** an der Zöbernstraße.

Haus der ehemaligen Gerberei Hirsch

Michael Hirsch, ein Gerbermeister aus Neunkirchen, kaufte **im Jahr 1824** einen Gerbereibetrieb in der Hauptstraße und später das Haus in der Zöbernstraße, in dem bis dahin die Mautstelle untergebracht war. Diese Liegenschaft wurde nach und nach zu einer großen Gerberei ausgebaut. Leder erzeugte man damals ausschließlich aus Großviehhäuten. Die zur Gerbung verwendeten Gerbstoffe kamen aus den heimischen Wäldern, wobei die Lohe aus Fichte und Eiche, wie schon erwähnt, zum Teil aus Mariensee angeliefert wurde. Auch das weiche Wasser, das es hier gibt, war eine wichtige Grundlage für den Betrieb der zwei Rot- und der einen Weißgerberei in Aspang.

In der Rotgerberei der Familie Hirsch wurde in einem sehr langwierigen und zeitaufwändigen Prozess ausschließlich Leder zur Besohlung von Schuhen hergestellt. Ehe die Gerberei 1960 wegen der zunehmenden industriellen Erzeugung von Leder geschlossen wurde, war die Familie Ing. Stadelmann Inhaber dieses traditionellen Betriebes.

Kolpinghaus (ehemaliges Gesellenhaus)

Nicht uninteressant ist, dass zwischen 1795 und 1798 das ehemalige *Gesellenhaus,* später *Kolpinghaus*, in den Besitz einzelner emporgekommener Handwerksgesellen kam. Deren plötzlicher „Reichtum" hatte sogar Auswirkungen in der gesellschaftlichen Stellung innerhalb ihrer eigenen Berufsgruppe. Der Bindergeselle Johann Schierer zum Beispiel war Inhaber des 1798 zu einem „Glaspavillon" umgebauten Gesellenhauses. Als besondere Anerkennung kann gewertet werden, dass man ihn 1809 zum Vertreter der Aspanger Bürger bei den Verhandlungen mit den Franzosen wählte. Eben genannter Johann Schierer war später ein angesehener Bindermeister und Gastwirt.

Ein weiteres Beispiel für den Wohlstand der damaligen Zeit war der Viehhändler Prettenhofer. Er zahlte freiwillig eine hohe Summe an die Franzosen, die in Aspang „für Unruhe" sorgten. Er tat dies für einen Gerbergesellen, der in Ungnade gefallen war und so einer Verurteilung entging.

In verschiedenen Schriften aus dieser Zeit werden so nebenbei angesehene Aspanger Bürgergeschlechter erwähnt. Das waren zum Beispiel der Schmiedezunftmeister Fallhapp, der Weberzunftmeister Lienhard, die Viehhändler Prettenhofer, der Brauherr Rottler, der Seifensieder Wocheslander, der Bäcker Müller oder der Metallwarenverkäufer Vital und auch andere.

Die Handwerker wie Sattler (und Tapezierer), Maler, Schlosser, Fassbinder, Schuster, Schneider und viele andere waren selbstverständlich zu jener Zeit in Aspang ansässig (siehe Liste der Betriebe Aspangs).

Über den oben erwähnten Zunftmeister der Schmiede mit Namen Fallhapp wird berichtet, dass er während des zweiten Türkenkrieges (1683) seine erste Frau *„verloren"* haben soll - diese jedoch *„nach 30 Jahren wieder zurückgekehrt sey"*, während der Schmiedemeister neuerlich *„verehelicht gewest sey"* und in Aspang gewohnt habe. Durch *„der vorgesagten ordentlichen bezalung an sein damalig weib"* konnte er sich selbst „freikaufen" und den Lebensunterhalt der Frau sichern.

In Unterlagen aus **1770** findet man viele Einträge von Handwerksbetrieben, unter denen verschiedene ***Schmiede*** erwähnt werden.

Man unterschied damals zwischen Hackenschmieden, Messerschmieden und bürgerlichem Nagelschmied. Ein solcher hatte seine Werkstätte im heutigen Gasthaus F. Brandstätter in Unter-Aspang. Die Stätte zur Erzeugung von Eisenwaren wurden deshalb hierorts gewählt, weil der Rohstoff Eisen aus der Nähe Pittens zur Verfügung stand.

Ebenfalls genannt wird ein ***Glasermeister*** mit dem Namen Franz Dietmayr, der in der heutigen Schulgasse den Gewerbebetrieb hatte. Auch sein Nachfolger Jakob ***Huber*** arbeitete dort.

Dessen Sohn Franz Huber hat wiederum im Jahr 1772 das Haus Kirchenplatz 3 von einer gewissen Familie Keiper gekauft. Der älteste Teil dieses heute noch wunderschön erhaltenen Hauses soll laut Denkmalamt aus dem Jahr 1450 stammen.

Die genannte Familie betrieb in diesem Gebäude eine *Leinenfärberei*, auch „Blaudruck- oder Küppenfärberei" (= Kaltfärberei) genannt.

Neben dieser wurde alsbald eine Glaserei gegründet, später kam auch noch eine Geschirrhandlung dazu.

Erst im Jahr 1948 wurde die Färberei mit Blaudruck eingestellt. Wie mündlich überliefert, gab es nach 1950 in ganz Österreich nur noch drei Färbereien dieser Art.

Stattdessen nahm nun die Firma Huber die ersten Glasschleifmaschinen in Betrieb. Heute wird die Firma in erweiterter Form von Mag.Stefan Huber und Josef Huber geführt.

Kaufhaus Supper und Glaserei Huber 1967

In verschiedenen Chroniken wird davon berichtet, dass im späten 19. Jahrhundert. wegen des zügigen Ausbaues von Bahn und Straße Gewerbe und Handel um Aspang besonders florierten.
Da es nicht möglich war, eine lückenlose Aufzählung von Betrieben der Vergangenheit bis zur Gegenwart zu erstellen, betrachten wir jene genauer, die Firmenchroniken oder Aufzeichnungen über deren Entstehung und Entwicklung zur Verfügung stellten.

1865 ***Freiherr Baron Haber von Linsberg*** kaufte den forst- und landwirtschaftlichen Besitz in Mariensee aus der Konkursmasse der Familie Österlein. Diese hatte 1848 durch die politischen Umgestaltungen das Eigentum des Grafen Anton von Pergen (Besitzer der Herrschaft Aspang) um Mariensee erworben.
Das bereits in den Verträgen des Grafen Pergen mit Anton Manz von Mariensee erwähnte Fortsthaus wurde im Jahr 1872 als Wohnhaus der Familie adaptiert.
Graf Haber von Linsberg kaufte in der Folge eine Vielzahl von Gehöften und konnte auch durch Hoftausch seinen Grundbesitz vergrößern.

1879 erbte Hermann ***Schenker*** den Großgrundbesitz. Er war als Sohn der Witwe eines Pastors und späteren Frau des Barons von diesem adoptiert worden.
Seine Witwe Dora Schenker übernahm 1915 den Forstbetrieb, ehe er 1931 an Dr. Ulrich Schenker überging, der ihn bis 1975 leitete. Nun führen DI Stefan und sein Sohn DI Thomas Schenker Mariensee und Linsberg.
Das heutige Forsthaus steht dem Betrieb seit dem Jahr seiner Errichtung, nämlich 1901, als solches zur Verfügung.

1870 stellte der Aspanger ***Biererzeuger Johann Rottler*** die eigene Produktion ein und verkaufte das erste „Liesinger Bier" (im jetzigen Haus Bahnstraße 10). Sein Sohn Franz Rottler hatte später eine Likör- und Schnapsfabrik.

1883 entstand die ***Sodawasserfabrik von Viktor Krehon***, die bis in die 70er Jahre des 20. Jahrhundert. Von der Familie ***Klobasa*** weitergeführt wurde. Ihr Standort war unmittelbar hinter der jetzigen Apotheke. Bis 1981 erzeugte und vertrieb die Familie Klobasa auch Limonaden („Wechselperle").

1889 kam es zur Gründung der ***Pappefabrik von Michael Mangold***. Das „Herrenhaus" steht heute noch zwischen der Eisenbahnbrücke und der Wechselbundesstraße.

Ehemaliges Herrenhaus der Pappefabrik Mangold

1895 wurde das „landwirtschaftliche Lohnfuhrwerk" von Johann und Juliane ***Auerböck*** (geb. Dockal) gegründet. Aus einem 1904 gezeichneten Vertrag mit dem „*Straßenconcurrenzbezirk Aspang*" geht hervor, dass Pferdefuhrwerke Schotter aus dem „*Königsberger Steinbruche*" zum Straßenbau zu führen hatten. Auch während des Bahnbaues wurde mit 8-10 Gespannen gefahren. Als Leopold Auerböck 1932 den Betrieb übernahm, gab es noch immer „nur" Pferdefuhrwerke. 1952 war schließlich ein Steyr Traktor mit Anhänger das erste Motorfahrzeug, dem 1957 der erste LKW folgte. Der Fuhrpark wurde immer wieder erweitert und das Unternehmen kontinuierlich ausgebaut. Heute heißt das von Herbert und Friederike Auerböck geführte Unternehmen Auerböck Ges.m.b.H. & Co KG und umfasst neben einem Transportbetrieb auch die Hausmüllabfuhr, ein Kieswerk, eine Aushubdeponie und ein Erdbauunternehmen.

1901 - 1973 gab es einen Betrieb in der ***Martinsschleife,*** in welchem Rohstoffe für die Papiererzeugung produziert wurden.

1904 war im Haus Hauptstraße 6 ein **Papier- und Galanteriewarengeschäft** untergebracht. Inhaber war Alois *Pelnitschar,* der nebenbei auch eine Buchbinderei und einen Postkartenverlag sein Eigen nannte.

Papiergeschäft Pelnitschar 1903

Spätere Pächter bzw. Eigentümer am selben Standort waren M. Dinhobel, A.Mayerhofer (ab 1960) und Franz Moschna (ab 1966). Seit 2001 führt H. Scheurer, Tochter von F. Moschna, die heutige Papier- und Buchhandlung.
Im Jahr 1959 erwarb F. Moschna eine Druckerei in der Schulgasse von deren Firmengründer Karl Deiger. K. Deiger betrieb diese seit 1917 in der Bahnstraße, im ehemaligen „Bad-Haus".
Die Standorte der Druckerei änderten sich noch zweimal: 1970 erfolgte die Übersiedlung in die Hauptstraße (Haus Rottler Maria) und 1976 in den Neubau in der Gutenberggasse 1. H. Gangl, die Tochter von F. Moschna, ist seit 2003 Druckereibesitzerin und führt diese nun weiter.

1917 besaß Aspang die erste ***Lichtspielhalle*** von Uhrmachermeister Josef ***Zottl,*** welche nachfolgend als Kino von derselben Familie bis 1971 betrieben wurde.

Uhrmachermeister Zottl 1910

1971 - 1985 bestand das ***KINO*** der ***Familie Kerschbaumer*** aus Krumbach an der Ecke zur Sandgasse. Der erste Spielfilm trug den Titel „Mein Vater, der Affe und ich". Der letzte gezeigte Spielfilm in Aspang war „Top Secret".
Anfangs gab es im Sommer ebenso täglich Vorstellungen wie auch am Wochenende, zuletzt wurde nur noch am Wochenende gespielt.

Kino

1920 ging der ***Rauchfangkehrerbetrieb*** von Markus Stärk in der Roseggergasse in den Besitz von Hans ***Diettrich*** I über und wurde von ihm folglich bis in das Jahr 1944 geführt. Nach dessen Tod leitete seine Witwe Aloisia Diettrich die Firma bis 1956, ehe Hans Alois Diettrich II Betriebsinhaber wurde. Er blieb das bis zum Jahr 1987 und war zugleich langjähriger Bürgermeister von Aspang-Markt und Landtagsabgeordneter.

Rauchfang-
kehrergeselle
1920er Jahre

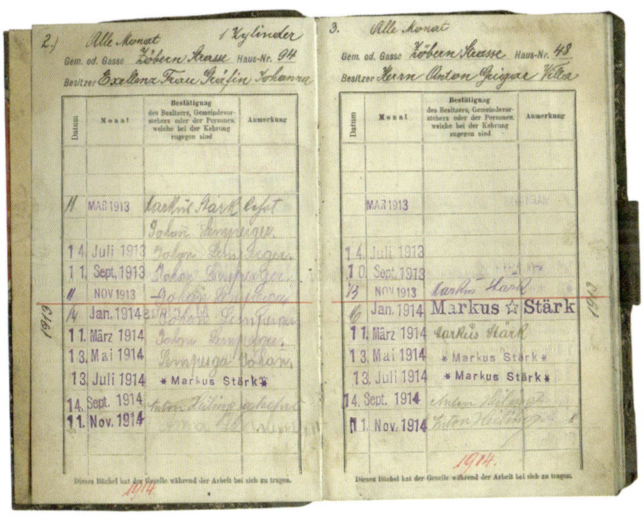

Kehrbuch 1913

In seine Ära fiel so nebenbei die Mobilisierung der Rauchfangkehrer durch den Ankauf des ersten firmeneigenen Mopeds (1959) und eines Rauchfangkehrerautos (1978). Auch die Anschaffung notwendig gewordener technischer Geräte wie z.B. eines Abgasanalysegerätes musste von ihm durchgeführt werden. Seine Nachfolge trat Hans W. Diettrich III an, der für die Firma die Zertifizierung zum Biowärme-Rauchfangkehrer erhielt.
Im Jahr 2010 kann schließlich Hans Josef Diettrich IV als Betriebsinhaber das 90-jährige Bestehen des Rauchfangkehrermeisterbetriebes begehen.

1924 kaufte ***Robert Wocheslände*r** von der Witwe des Schlossermeisters Tarrer die gesamte Werkstättenausrüstung und eröffnete daraufhin seine eigene ***KFZ-Werkstätte*** an der Mönichkirchnerstraße. Er machte durch den Eigenbau eines Motorrads mit Beiwagen (1927), eines dampfgetriebenen Kleinlasters (1939) und den Umbau eines Militärlasters zum Feuerwehrauto (1948)von sich reden. Ab 1969 führte sein Sohn Peter Wocheslände den Betrieb, seit 1987 ist dessen Sohn Peter Wocheslände jun. Firmeninhaber.

Dampfgetriebener Kleinlaster – Eigenbau

1924 gründete Herr Stiegler, der Leiter der damaligen Aspanger Elektrizitätswerke, ein ***Elektrogeschäft*** in Aspang-Markt. Noch vor dem 2. Weltkrieg, nämlich 1936, übernahm der Schwager des Firmengründers, *Herr* ***Adolf Schwarzmann***, den Betrieb.

schwarz_mann
Elektrische Anlagen

Mit Pioniergeist und Innovationsfreude wurde nach dem Weltkrieg die Firma als Nahversorger für elektrotechnische Belange, Installationswaren und Haushaltsgeräte ausgebaut.
Vor allem in den Jahren 1950–1965 stellte man sich in den Dienst der Elektrifizierung der Region um Aspang. Leitungsnetze wurden bis zu den entlegensten Bauernhöfen gebaut. Unter A. Schwarzmann, der die Firma 1971 übernahm, entwickelte sich ein international anerkanntes Anlagenbauunternehmen mit

Niederlassungen in Wien und Wr. Neustadt.
Heute beschäftigt die Firma Elektro Schwarzmann GmbH rund 100 fachkundige Mitarbeiter unter der Geschäftsleitung von Prokurist R.Schwarzmann und Geschäftsführer Mag.A.Schwarzmann.

1927 und 1989 fanden ***Wirtschaftsausstellungen*** statt. Erstere hielt Berichten zufolge einem großen Besucheransturm stand und fand im Gelände des heutigen Aspanger Bades statt.
Die zweite unter dem Titel *Aspanger Messe* war eine Leistungsschau der heimischen Wirtschaft.

Wirtschaftsausstellung 1927

1932 kam es zur Gründung der ***Tischlerei Josef Reichmann*** in der Hammergasse in Aspang. Der Firmengründer absolvierte viele Jahre vorher seine Lehre in der Tischlerwerkstätte Schreiber in der Sandgasse in Aspang, die ihrerseits sogar während des 2. Weltkrieges Gesellen beschäftigen konnte, was nicht selbstverständlich war.
1940 erwarb J. Reichmann die erste Hobelmaschine für den Betrieb. Dies ist schon deshalb erwähnenswert, da Einkäufe dieser Art nur mit „Eisenbezugsscheinen" getätigt werden konnten und der Erwerb solcher nicht selbstverständlich war. Durch das Anfertigen von Spinden für die Gebirgsjäger der deutschen Wehrmacht gelang dies aber, ehe der Betrieb mit einem Gesellen und zwei Lehrlingen 1942 auf Grund des Einzugs der Lehrlinge und des Meisters an die Front nach Jugoslawien stillgelegt wurde.
Nach der Rückkehr aus der Gefangenschaft kam es 1946 schließlich zur Wiedereröffnung der Tischlerei. Heute erinnert ein zum Dank errichtetes Marterl am Fuchsweg an die geglückte Flucht und die Heimkehr des Tischlermeisters.
Nach ständiger Vergrößerung und Weiterentwicklung zu einer modernen Firma mit einer stets wachsenden Zahl von Beschäftigten wurde 1994 die Aufteilung in zwei eigenständige Betriebe vorgenommen. Die Herbert Reichmann GmbH hat ihren Standort in der Hammergasse behalten, die Ing. Josef Reichmann GmbH hat ihren Sitz nach Aspangberg-St. Peter, Höll 93, verlegt.

Gesellenvereins-Diplom J. Reichmann

1960 war Produktionsbeginn der ***Firma Triumph*** in Aspang. Die ersten Näherinnen arbeiteten im Kolpinghaus, wo ausschließlich Miederwaren erzeugt wurden. Erwähnenswert ist, dass die Firmengründung von „Triumph International" nur ein Jahr vorher stattfand und Aspang als einer der ersten Produktionsstandorte ausgewählt wurde. Das Werk in Aspang besteht noch immer und hat seinen Sitz in der Bahnstraße. Die Produktpalette der Wäschefirma hat sich in den letzten Jahren oftmals geändert und wurde ständig den Bedürfnissen der neuen Zeit angepasst. Näherinnen erzeugen momentan BHs, Corsagen, Badebekleidung, Unterkleider und Shirts.

Geschäfte in Aspang

Hauptstraße zum Marienplatz mit Malerbetrieb Steffny 1938

Schneiderei Josef Schweißt Hauptstraße 1890

Hauptplatz mit Kaufhaus Karl Wagner 1895

Hauptstraße Richtung Hauptplatz 1909

Obere Hauptstraße um 1900

Aus einem Privatarchiv stammt folgende interessante Liste von Gewerbebetrieben in Ober- und Unter-Aspang:

	1892	vor 1945	nach 1945	jetzt
Fuhrwerker	3	-	-	-
Sägewerke/Holzhandel	6	8	7	0
Kurzwaren/Lebensmittel	6	18	12	3
Eisengeschäfte	2	2	2	0
Kohlengeschäfte	2	3	3	0
Milchgeschäfte		4	4	0
Fleischhauereien	4	4	4	2
Wirtshäuser, Hotelbetriebe	9	12	8	7
Putzereien	2	2	2	0
Zuckerbäcker	1	1	2	1
Bäckereien	6	5	3	1
Kaffeehäuser	-	2	2	3
Mühlen	7	3	2	0
Trafiken	2	4	2	1
Hutmacher	2	2	1	0
Papiergeschäfte, Spielwaren (+ Pulververschleiß!)	2	2	2	2
Gew. Schneider	4	9	8	1
Schuster	6	7	6	1
Schmieden	4	3	3	0
Wagner	4	3	2	0
Fassbinder	1	3	3	0
Maler	1	3	3	3
Dachdecker/Dachpappenfabrik	1	2	2	1
Elektrowaren/Elektriker	1	2	3	2
Bandagist	-	1	1	0
Lederwaren	-	1	1	0

	1892	vor 1945	nach 1945	jetzt
Drogerien	-	2	1	1
Apotheke	1	1	1	1
Zimmerei	-	2	2	0
Gemüsegeschäfte	1	4	3	1
Hüte	2	2	1	0
Landwirtschaft	-	8	5	3
KFZ-Werkstätten	-	2	2	2
Baumeister	2	2	2	0
Tapezierer	-	2	2	0
Tischler	1	4	4	3
Schlosser	1	3	0	0
Frisör	1	3	3	2
Gerbereien	3	3	3	0
Fliesenleger	-	0	2	2
Rauchfangkehrer	-	1	1	1
Tennisplätze	-	1	2	1
Uhrmacher	2	3	2	1
Tankstellen	-	3	4	2
Einkaufsmärkte	-	-	-	3
Glaser	1	1	1	1
Gärtnerei	-	1	1	1
Spenglerei	1		-	-
Seifensieder	1	-	-	-
Drechsler	1	-	-	-
Blaudruckfärberei	1	1	1	0
Fahrschule	-	?	1	1

Die Raiffeisenbank NÖ-Süd Alpin

Wesentlichen Anteil an der wirtschaftlichen Entwicklung der gesamten Region des Wechselgebietes haben auch die beiden großen Banken, deren Gebäude unübersehbar im Zentrum Aspangs stehen. Eine davon ist die RAIBA NÖ-Süd ALPIN.
Ihre Geschichte geht auf Friedrich Wilhelm Raiffeisen zurück, der im 19. Jahrhundert als Bürgermeister einer Gemeinde in Deutschland die „Darlehenskassen-Vereine" gründete, um der in Not geratenen Bevölkerung zu helfen. Diese Hilfe zur Selbsthilfe war der Grundstein für die heute weltumspannende Organisation der Raiffeisengenossenschaften. Im Jahr 1886 gab es die erste Raiffeisenbank in Österreich, in Mühldorf bei Spitz, und schon *1893* die *Spar- und Darlehenskasse St. Valentin-Landschach*, die heutige Bankstelle Grafenbach der RAIBA NÖ-Süd Alpin. Ein Jahr später wurden Genossenschaften in Thomasberg-Edlitz und Bad Schönau gegründet. **Aspang** entstand schließlich **1895** wie auch Kirchberg, Schottwien, Lichtenegg und Gschaidt. Anfangs nannte sich die Genossenschaft Spar- und Darlehensverein für Amt und Markt Aspang.
Leider fehlen auch für das Kapitel dieser Bank die historischen Aufzeichnungen bis etwa in das Jahr 1945. Wahrscheinlich sind sie wie viele andere den beiden Weltkriegen und der Besatzungszeit zum Opfer gefallen.
In den folgenden Jahren wechselte die *„Kassa"* durch ständige Erweiterungen, Modernisierungen und Fusionierungen ihren Sitz in Aspang mehrmals:

1952 vom Gasthaus Steinplatte an der Mönichkirchnerstraße in das Gasthaus Ehrenhöfer (heutiger neuer Landeskindergarten in der Mühlgasse)

1954 in die Mühlgasse 10

Gebäude in der Bahnstraße vor dem Bau der RAIBA

1960 erhöhte sich in den Jahren des wirtschaftlichen Aufschwungs der Umsatz der Bankstelle wesentlich und es gab schon vier Angestellte

1961 folgte die Erweiterung durch die Eröffnung der Zweigstelle Mönichkirchen und die Modernisierung durch die Umstellung auf Maschinenbuchhaltung.

1969 konnte die Eröffnung des Neubaus am Hauptplatz (heute Ärztezentrum) mit einer damals sehr modernen Datenverarbeitungsanlage gefeiert werden.

1974 gab es mit der Raiffeisenbank Zöbern,

1981 mit der Raiffeisenkasse Edlitz und

1993 mit der Raiffeisenkasse Krumbach weitere Fusionierungen, die

2003 schließlich mit der RAIBA Gloggnitz und der in Kirchberg/Wechsel fortgesetzt wurden. Dadurch entstand die *größte Raiffeisenbank im südlichen Niederösterreich*. Diese hat ihren Sitz seit 1996 im neu adaptierten Gebäude in der Bahnstraße 3.

Die Genossenschaft umfasst 2010 folgende Bankstellen: Aspang, Bad Schönau, Edlitz, Feistritz/Wechsel, Gloggnitz, Grafenbach/St. Valentin, Grimmenstein, Hochneukirchen, Kirchberg/Wechsel, Krumbach, Lichtenegg, Mönichkichen, St. Corona/Wechsel, Schottwien, Semmering, Trattenbach und Zöbern.

Die vier Geschäftsleiter im Jahr 2010 sind:
Direktor Johann Sperhansl
Direktor Adolf Kowar
Direktor Walter Hummer
Direktor Johannes Pepelnik

Auch das **international bekannte Zeichen für Raiffeisen** hat eine tiefere Bedeutung:
Es stellt gekreuzte Pferdeköpfe dar und ist ein germanisches Schutzzeichen, das am Dachgiebel befestigt wurde. Heute wie damals verleiht es Sicherheit und Geborgenheit.

Raiffeisenbank NÖ-Süd Alpin

RAIBA NOE SÜD ALPIN Bahnstraße

Die Sparkasse Neunkirchen, ehemals Sparkasse Aspang

blickt auf eine lange Tradition, den Spargedanken zu pflegen, zurück. Mit dem Leitbild des *„Sparefroh"* hat die Sparkassen-Gruppe ein bekanntes Symbol des Sparens entwickelt, das vor allem Kinder beeindruckt.
1869 wurde von Bürgern der Gemeinde Aspang unter Bürgermeister Dr. Josef von Preu gemeinsam mit dem damaligen Richter Anton Schilcher der Antrag auf Gründung einer Sparkasse gestellt. Mit Beginn des Jahres **1870** war sie als **Gemeindesparkasse** in den Räumen des Gemeindehauses von Aspang Markt untergebracht.
1884 wurde erstmals die Möglichkeit geschaffen, kleine „Darlehen" an Gewerbetreibende und Landwirte zu vergeben. Erst 1889 gab es *„Spar- und Vorschußkassen"* zur Gewährung von Privatkrediten.
1982 übersiedelte die Sparkasse Aspang in das jetzige Haus am Hauptplatz. Die Bank unterstützte stets Bau-, Wirtschafts- und Fremdenverkehrsprojekte der Gemeinde ,wie zum Beispiel den Kauf der Hietl-Gründe, die Übernahme des heutigen Sparkassenteiches oder den Schulumbau 1959.
Aus Anlass der Fusionierung der Sparkasse Aspang mit der Sparkasse Neunkirchen-Gloggnitz-Ternitz 2006 bekam das Unternehmen den heutigen Namen.
Die Bereichsleiter im Jahr 2010 sind Prokurist Martin List und Prokurist Martin Luef.

Sparkasse Hauptplatz

Die Aspanger Bergbau- und Mineralwerke (Tagbau)

Sie stellen ein aus geologischer und wirtschaftlicher Sicht interessantes und einmaliges Unternehmen dar.

Der **Bergbau in Aspang** lässt sich bis in das Jahr **1856** zurückverfolgen. Die ehemals im *Untertagbau* abgebaute *„Weißerde"* wurde mit einfachen Schlämmvorgängen in Holzbottichen aufbereitet, in „Presskästen" gepresst, luftgetrocknet und mit Pferdefuhrwerken ausgeliefert.

Arbeiter im Aspanger Kaolinwerk um 1920

Seit 1920 wird nun im **Tagbau** *„Aspanger Glimmer"* (weißer Serizit/Muskovit), ehemals als Weißerde bekannt, abgebaut. Er wird zur Verstärkung von Kunststoffen, für Farben und Lacke, für Beschichtungen, Putze und Klebstoffe verwendet.

In der Firmengeschichte wurden Firmenname und Eigentümer mehrmals gewechselt. 2008 erfolgte die Übernahme durch die Wietersdorfer & Peggauer Zementwerke GmbH. Interessant ist, dass die Bewohner von Aspang und Umgebung immer noch vom *„Kaolinwerk"* sprechen, da der Betrieb über viele Jahrzehnte „Aspanger Kaolin- und Steinwerke" hieß, in dem viele Frauen und Männer aus der Region Arbeit fanden.

Woraus besteht *„Aspanger Kaolin"*?

Es ist hochwertiger *weißer Serizit*, der plättchenförmig vorkommt und daher günstige Eigenschaften für die Weiterverarbeitung bietet. Bei 1000facher Vergrößerung abgebauter *„Weißerde"* kann man diese Plättchen wunderbar erkennen.

Wie ist „Aspanger Kaolin" entstanden?

Aspanger Kaolin entstand bei der alpinen Gebirgsbildung und ist deshalb etwas Besonderes, weil durch die Beschaffenheit der Lagerstätte das Material sehr feinkörnig ist. So kann man ohne Mahlvorgang, lediglich durch *Schlämmen, hochweißen Rohstoff* gewinnen.

Aspanger Kaolinwerk

Brauchtum in Aspang Markt und Aspangberg-St. Peter

Die Brauchtumspflege gehört in beiden Gemeinden zum alltäglichen Leben der vorwiegend ländlichen Bevölkerung.
Volkskultur und Brauchtum der gesamten Region sind eng mit dem kirchlichen Jahreskreis verbunden, daher wird dem im Aufbau des nun folgenden Kapitels Folge geleistet.
Die ***Sternsinger*** gehen vor dem 6. Jänner, dem Fest der Heiligen Drei Könige, von Haus zu Haus, sollen den Segen für die Hausbewohner bringen und erbitten Spenden für die Mission.
Im Fasching finden ***Faschingssitzungen*** und ***Bälle*** verschiedener Organisationen statt.
Das Brauchtum des katholischen ***Osterfestes*** orientiert sich an den bedeutendsten Tagen der Karwoche.
Es beginnt mit der Palmweihe am Palmsonntag, dann folgt das *Ratschengehen* am Karfreitag, die *Auferstehungsprozession und das Osterfeuerabheizen* am Karsamstag oder Ostersonntag, sowie das Osternest- und Eiersuchen am Ostersonntag.
An den Sonntagen in der Fastenzeit wird noch vielfach der „Kreuzweg" gebetet.
Für die Schüler der 2. Klassen beider Volksschulen werden in den Pfarren Unter-Aspang, Ober-Aspang und auch in der Pfarrkirche St. Peter ***Erstkommunionen*** abgehalten.
Drei Tage vor Christi Himmelfahrt sind die ***Bitttage***, wo in Prozessionen zu drei Kapellen gegangen und um das Gedeihen der Feldfrüchte gebetet wird.
Die Kapellen waren traditionell die an der Zöbernstraße, die im Scheibelgarten und das Klausenkreuz.
Zu ***Fronleichnam*** findet die Fronleichnamsprozession der Pfarre Unter-Aspang statt, auch die von St. Peter, nur die der Pfarre Ober-Aspang ist am darauffolgenden Sonntag.
Um den 1. Mai ziehen Mitglieder der Musikkapellen beim ***Maiblasen*** durch den Ort.
Maibaumumschnitte finden nicht überall statt, sind aber Anlässe der besonderen Art.
Zum Fest Johannes des Täufers sowie zu Peter und Paul werden zu Ehren der ***Kirchenpatrone*** besondere Messen gefeiert, ebenso zum Fest des Hl. Florian, der auch Schutzpatron der Feuerwehren ist.
Mit der jährlichen ***Kulturveranstaltung „Aspang live"*** präsentiert sich Aspang während der Sommermonate auf sehr vielfältige Weise den einheimischen und fremden Besuchern.
Im vor einigen Jahren ins Leben gerufenen ***Schwaigen - Reigen*** soll Volkskultur mit besonderen musikalischen Schwerpunkten gepflegt werden.

Von den ***Schwaigen*** (= Almhütten) der Gemeinde Aspangberg-St. Peter, deren Anfänge in das 19. Jahrhundert zurückgehen, sind nicht alle ganzjährig geöffnet. So ist die Feistritzer Schwaig von Juni bis September bewirtschaftet, die Marienseer Schwaig auch während der Langlaufsaison, und die Herrgottschnitzer-Hütte ist als Gaststätte beispielsweise ganzjährig geöffnet.
Das Wetterkoglerhaus am Hochwechsel hat die Funktion einer Schutzhütte und normalerweise von Mai bis November Betrieb.
Es gibt auch eine ***Weidegenossenschaft Mariensee - Hochwechsel***, die in gewissen Abständen regelmäßig im September einen Almabtrieb veranstaltet.
Das ist auch der Monat des Erntedanks, und so finden jährlich ***Erntedankfeste*** in allen 3 Pfarren statt.
Die kirchlichen Feste ***Allerheiligen und Allerseelen*** anfangs November verbindet die Bevölkerung mit Friedhofsgang und Totengedenken bei den Kriegerdenkmälern.
Vor dem 1. Adventsonntag werden die ***Adventkränze*** gesegnet und während der Adventzeit Adventmärkte zu sozialen Zwecken abgehalten.
In vielen Pfarren wird im Advent das ***Herbergssuchen*** besonders gepflegt.
Ein Herbergsbild findet dabei Aufnahme in Privathäusern und wird mit Gebet und Gesang von einem Haus zum anderen getragen.
Sämtliche Chöre veranstalten während dieser Zeit Adventsingen in unterschiedlichem Rahmen.
Ein wieder eingeführter Brauch ist das ***Turmblasen*** nach der Christmette. Vom Kirchturm aus erfreuen Bläser der Musikkapellen die Kirchgänger mit dem Spielen von Weihnachtsliedern.
Der volkskundliche Ursprung liegt darin, dass „von hoch oben" die frohe Botschaft der Geburt Christi viel weiter in das Land hineingetragen werden kann.
An 4 besonderen Tagen im Kirchenjahr – früher als Kirchweihfeste bekannt – werden in Aspang-Markt ***Kirtage*** gehalten:

Josefikirtag	19. März
Florianikirtag	4. Mai
Theresia-Kirtag	15. Okt.
Thomaskirtag	21. Dez.

Flur- und Siedlungsnamen

Im Zuge der Erforschung der Geschichte einer Gemeinde tauchen immer wieder Fragen nach der Entstehung von Namen für bestimmte Siedlungsgebiete oder Ortsteile auf. Manche dieser heute noch gängigen Bezeichnungen lassen sich in ihrem Ursprung wissenschaftlich belegen, für den Großteil aber gibt es nur Sagen, Legenden oder mündliche Überlieferungen.
Im folgenden Kapitel wurde selbstverständlich nur auf jene Bezug genommen, die für die Namensgebung der Siedlungen oder Fluren in Aspang Grundlage sein könnten.

Königsberg:
Es war zur Zeit der Königsberger neu erworbenes Landgebiet, das zur Rodung freigegeben wurde.

Ganserlberg (heutiges Hoffeld):
Für diesen Flurnamen liegen zwei Deutungen vor. Die eine besagt, dass während einer argen Hungersnot der dortige Grund gegen eine Gans eingetauscht worden sei. Eine andere überliefert, dass jahrelang die Gänse der Schlossbesitzer dorthin zur Weide getrieben wurden.

Vögelhöfen (1643 in einer Urkunde erwähnt):
Eine Legende erzählt, dass ein einsam lebender Priester aus vorchristlicher Zeit (= Druide) häufig Zwiesprache mit den Vögeln hielt, um die Zukunft deuten zu können.

Hottmannsgraben:
Der „Hotter" ist ein Hügel, der sich besonders gut zum Überschauen und Bewachen eines Gebietes eignete - der „Graben" ist der unterhalb dieses Hügels.

Höll:
Aus dem altdeutschen übersetzt bedeutet der Name eine abschüssige, wilde Gegend (= helle), woraus sich später erst die christliche Bedeutung ableitete.
„Höll" als Flurname ist alt und sehr verbreitet.

Aigen (Außeraigen, Inneraigen):
Diese Bezeichnung könnte von „aigen" = eigen sein = besitzen, herrühren.

Neuwald:
Ob dies nach ersten urkundlichen Erwähnungen der „neu" in den Besitz gekommene oder „neue = jung gewachsene" Wald war, konnte nicht nachvollzogen werden.

Kampstein mit Antrittstein:
Laut einer Sage soll der Hl. Wolfgang im Zuge der Christianisierung im Wechselgebiet auf eine heidnische Kultstätte im Bereich des Kampsteins gestoßen sein. Beim Verkünden des Evangeliums trat er mit Fuß und Bergstock so fest auf, dass Spuren in einem Stein zurückblieben, die noch erhalten sind. Zudem warf er auch seine Axt weit aus, um einen geeigneten Platz zum Bau einer Kapelle zu finden. Diesen soll er der Überlieferung nach am Leonhardsberg bei Kirchberg am Wechsel gefunden haben.

Steinhöfen:
Ob es hier wirklich die vielen „Steine" waren, auf denen die Gehöfte errichtet wurden, ist der Phantasie des Lesers überlassen.

Große und Kleine Klause:
Eine Klause ist ein enger Talschluss, der den Zu- und Durchgang erschwert.

Grüne Wiese:
Eine sehr weit hergeholte Deutung dieses Namens bezieht sich auf eine Geschichte. Kinder sollen oft beim Blumenpflücken auf dieser fast immer „grünen Wiese" einer Fee ihre Wünsche anvertraut haben. Diese seien demnach immer in Erfüllung gegangen.

Langegg/Mitteregg:
Diese Bezeichnungen sind eher jüngeren Datums und dürften mit der Bestellung der Fluren (= eggen) zusammenhängen.

Kohlgraben:
In dem so bezeichneten Gelände entlang des Kohlgrabenbaches sollen sich einst Holzkohlenmeiler befunden haben.

Murtalbach:
Vielfach bezeichnete man früher wie heute kleinere und größere Hangrutschungen als „Mure" - ob hier allerdings

Muren in so gehäufter Zahl in das Bett des Baches abgingen, dass sich daraus der Name Murtalbach entwickelte, kann nur vermutet werden.

Neustift:
Dieser Name lässt sich allerdings sehr wohl rückverfolgen und ist belegbar jüngeren Datums. Er bedeutet, dass der Alpenwald Eigentum eines Stiftes (Vorau) war.

Ausschlag:
Als „Ausschlag" galt ein markant „ausgeschlagener Wald" im Bereich eines größeren bewaldeten Gebietes.

Samberg:
Als Samersteige waren alte römische Saumpfade benannt, die auch über Höhen und Bergrücken führten.

Ungerbach:
Unter „Unger- bzw. Ungar" verstand man möglicherweise die im 9. Jhdt. über diesen Bach entlang einziehenden ungarischen Horden .

Hinterleitn:
Solche und ähnliche Bezeichnungen finden sich über weite Gebiete unserer Heimat, wobei nicht immer geklärt werden kann, „wo dahinter" sich diese „Leitn" (= steile Wiese) befindet.

Kletten:
Dieser Name dürfte als einer der Wenigen aus einer Mundartbezeichnung entstanden sein und könnte so viel wie „in der Gleedn" (= in der Nähe) bedeuten.

Die „Fluren" um Aspang

Urgeschichtliches aus dem Raum Aspang

Dass in unserem Heimatort und seiner näheren Umgebung vor der dauernden Besiedelung schon Menschen lebten, ist anhand von *„steinernen Zeugen"* nachweisbar. So fand man in Neustift am Alpenwald (Nähe Stauderbauer) einen **Runenstein.** Als Runenstein wird ein urgeschichtlicher Monolith bezeichnet.

Runenstein

Der Runenstein wurde zwischen 1970 und 1980 bei Baggerarbeiten für einen Weg unter dem Erdreich entdeckt. Da er als „besonderer Stein" zu erkennen war, stellte man ihn an einem Wegrand auf. Über die Zeichen (= Runen) auf dem Menhir sind sich die Wissenschaftler nicht ganz einig. Der Fundort lässt eventuell auf einen Grenzstein schließen, der möglicherweise eine Geländebeschreibung enthält.

In der Nähe des Anwesens der Familie Kirnbauer in Außerneuwald, am Weg von St. Peter nach Unternberg, stand ein eher selten vorkommender **Lochstein**. Er konnte leider in seiner ursprünglichen Form nicht erhalten werden, sodass er an dieser Stelle nicht mehr zu finden ist.

Der oben erwähnte Lochstein ist ebenfalls ein Kleinmenhir aus keltischer Besiedelung. Bei Arbeiten sei er laut mündlicher Aussage zu Bruch gegangen und deshalb nicht mehr zu besichtigen.

Skizze vom Lochstein

Überlieferungen besagen, dass solche Steine nahe Gehöften aufgestellt wurden, um Menschen und ihre Anwesen zu schützen. Bei aufkommendem Gewitter hätte man Getreidekörner in das Loch der Steine gegeben und diese dem Bösen entgegengeblasen.

Urgeschichtsforscher wiesen nach, dass Lochsteine meist mehreren Zwecken dienten. Das könnte auch in diesem Fall zutreffen, da derselbe am Weg von Unternberg über die Herrgottschnitzer-Hütte zum Kampsteingipfel stand. Somit hätte er allenfalls auch Orientierungshilfe sein können.

Zwei möglicherweise ***keltische Steinköpfe*** entdeckte man an der *Kirche zu Unter-Aspang*, was bei sehr alten Kirchen nicht ungewöhnlich ist. Einer ist am Übergang des Turmes zur Apsis der Marienkapelle quergelagert eingemauert, der andere am Ende des Längsschiffes unter der Dachtraufe.

Skizze der Steinköpfe

Wie der Frühgeschichtsforscher E. R. Schweickhart glaubhaft erklärt, wäre also lange vor der Marienkapelle und späteren Kirche in Unter-Aspang an deren Stelle

eine heidnische Kultstätte (= Hain der Kelten) gewesen. Nach den Kelten haben dann die Römer solche Stätten oftmals profaniert (= weltlichen Verwendungszwecken zugeführt).
Danach verfügte Papst Gregor der Große, dass Glaubensstätten der Heiden nicht zerstört, sondern für den einzig wahren Gott umgewidmet werden müssten. Damit könnte der Erhalt der Steinköpfe bis in die Gegenwart an diesem christlichen Ort erklärt werden.

Steinkopf

Wusssten Sie, dass,...

... Aspang aus einer Römersiedlung entstand?

... Unter-Aspang der älteste Ortsteil ist?

... die Pfarrkirche von Unter-Aspang eine Wehrkirche ist?

... ihr Turm zur Verteidigung feindlicher Angriffe diente?

... sich zwischen Unter-Aspang und Seebenstein ein See erstreckte?

... die Kaufleute, die über den Wechsel kamen, ihre Waren auf Boote oder Flöße umladen mussten?

... der Name Aspang wahrscheinlich von „Abspannen" (der Pferde) entstanden ist?

... sich die ersten Bewohner Ober-Aspangs um das Schloss siedelten, weil sie vor Überschwemmungen flüchteten?

... noch Ortsteile wie Hofwiese, Hoffeld, Aspanger Hof auf den Gutshof des Aspanger Schlosses zurückführen?

... vom Schloss zum „Speiserhof" auf den Königsberg ein unterirdischer Gang führte?

... im Aspanger Schloss während des 2. Weltkrieges ein Notspital eingerichtet war?

... im 15. Jhdt. in Mariensee Eisenwaren erzeugt wurden?

... sich zu diesem Zwecke die Bergleute beim Knappenkreuz zum Morgengebet versammelten, ehe sie nach Mariensee weitermarschierten?

... es in Aspang ein „Bürgerkasino" gab, in dem eine Theatergruppe sehr gute Bühnenstücke aufführte? Die Hochblüte war übrigens 1922-1927, 1935- ?.

... der Marktbrunnen auf dem Hauptplatz anlässlich des 60 jährigen Kaiserjubiläums errichtet wurde?

... die Wechselbahn im Jahr 2010 das 100 jähriges Bestehen feiert?
... man früher auf dem Aspanger Teich mit Ruderbooten fahren konnte?

... dass es auch Zeugen aus der Urgeschichte (Keltenzeit) gibt?

... dass es in Aspang bis 1957 einen Dienstmann mit Namen Leopold Heissenberger gab, der Koffer für Gäste vom Bahnhof zu den jeweiligen Hotels und Pensionen beförderte?

... es in der Rotte Langegg 2 Naturdenkmäler - 1000 jährige Eiche und 300 jährige Fichte - gibt?

Einziger Dienstmann Aspangs

Landkarte aus dem Jahr 1873

Erinnerungen

Besondere Ereignisse in Kletten

Es muss im Jahr 1943, mitten im 2. Weltkrieg gewesen sein. Es war Sommer und mein Vater arbeitete gerade auf einem Feld neben unserem Bauernhof, als plötzlich ein Flugzeug auf unserem Feld landen musste. Ihm war der Treibstoff ausgegangen. Der Vater lief hin und wollte nachsehen, was da war. Der Pilot kniete neben dem Flieger und hielt beide Arme hoch. Er konnte kein Wort sprechen. Auch in Aspang wurde das Flugzeug beobachtet. Es kamen viele Neugierige herauf nach Kletten und auch die Gendarmen. Der Pilot, ein Amerikaner, wurde nach Aspang mitgenommen. Das Flugzeug musste zerlegt werden, und mein Vater brachte die Teile auf dem Ochsenkarren zum Fahrweg. Dort holte man sie mit Militärfahrzeugen ab.
In unserem Wald gibt es auch ein tiefes Loch, das von einer Bombe stammt. Nie werde ich vergessen, welche Angst wir als Kinder hatten, wenn in der Schule Fliegeralarm war. Da hieß es immer: „Alle Kinder so schnell als möglich nach Hause!"
Wir hatten eine Stunde Fußmarsch – zuerst durch den Wald und dann über die Felder!

Maria Pfneisl

Eine schöne Weihnachtsfeier

Oma war etwa elf Jahre alt, also müsste das im Jahr 1957 gewesen sein. Sie schmückte den kleinen Altar beim Haustisch mit frischen Tannenzweigen und räumte die Stube auf. Dann half sie noch ihrer Mutter beim Kochen. Zu Mittag gab es nur einen Kaiserschmarren, denn am Abend feierte man den Hl.Abend erst als Festtag. Am Abend vor der Weihnatsfeier gab es eine kräftige Brotsuppe. Danach gab es noch Sauerkraut mit Kartoffelschmarren und ein geselchtes Schweinshaxerl.
Mitten auf dem Haustisch stand der kleine Christbaum. Dort hingen sogar ein paar Glaskugeln und viele bunt eingewickelte Würfelzucker. Auch ein paar Nüsse hingen auf dem Baum.Omas Eltern und der Bruder saßen rund um den Tisch.
Plötzlich klopfte es an der Tür. Oma und ihre Familie waren ganz entsetzt. Wer sollte denn so spät und noch dazu am Hl.Abend bei eisiger Kälte und Schneegestöber draußen sein?
Omas Vater schaute nach. Es waren zwei arme Bettelleute, die im Hof standen und übernachten wollten. Mein Uropa holte sie daraufhin in die warme Stube. Die Bettelleute freuten sich sehr, dass sie aufgenommen wurden. Sie bekamen natürlich etwas vom Weihnachtsschmaus und auch die bescheidenen Geschenke wurden geteilt. Jeder bekam zwei Bananen und eine Orange.
In der Mitte der Stube stand ein großer Holzofen. Um diesen Ofen versammelte sich die Familie und auch die Bettler, weil es dort schön warm war. Sie beteten alle miteinander und sangen Weihnachtslieder. Noch lange betrachteten sie den kleinen Christbaum auf dem Bauerntisch und die glitzernden Eisblumen an den Fensterscheiben. Die beiden Bettelleute strahlten vor Glück. Oma sagt, das waren die schönsten Weihnachten in ihrer Kindheit.

Hilde Hintergräber

Kriegszeit (2. Weltkrieg)

Es war Kriegszeit. Mein Opa war damals noch ein Kind, kann sich aber an vieles noch sehr gut erinnern.
Zu Kriegsbeginn war in unserem Ort noch alles in Ordnung, bis zur Zeit wo mein Uropa und seine Brüder in den Krieg ziehen mussten. Es war 1939 oder 1940. Seine Brüder sind 1943 in Russland gefallen. Uropa ist 1945 vom Krieg zurückgekommen. Es war April, als bei uns die russischen Soldaten einmarschierten. Sie kamen mit Pferden, Panzern und Kanonen nach Mariensee.
Am Ortsende stellten sie ein schweres Geschütz auf, das man Stalinorgel nannte. Mit dieser schossen sie 32 Schüsse auf einmal auf das Wetterkoglerhaus. Es wurde total durchlöchert.
Mein Uropa musste mit den Ochsen und Wagen Kanonen auf den Hochwechsel bringen.
Dort oben war noch Schnee. Deshalb passierte es öfters, dass er über tote Soldaten fuhr, weil er sie nicht sehen konnte.
Zu Hause musste er dann im Keller schlafen, weil das Haus voll mit Russen war.
Es war der 8. Mai 1945, als am Hochwechsel Russen, Engländer, Amerikaner und Deutsche aufeinandertrafen und den Krieg beendeten. Sie kämpften bis zum letzten Mann.

Johann Stickelberger

Dem schönen Markt Aspang und seinen Bewohnern
gewidmet von Hans Möth

Dank für die Mithilfe

Dipl. Päd. VOL Krista Fux und Dipl. Päd. VOL Elfriede Lechner (Lektorinnen)

Dipl. Päd. VOL Heidemarie Scherz (Foto-Archiv)

SR ROL Helene Höller (Projektleitung Kapellen, Marterl und Wegkreuze)

Renate Gansterer und Daniela Heissenberger (erste Reinschrift des Manuskripts, Beschaffung von Unterlagen)

Quellenverzeichnis

- Schulchroniken der Schulen
- Pfarrchronik der Pfarre Unter-Aspang (Pfarrer F. Kager)
- Führer und Chronik von Aspang (Nemeczek) aus 1912
- Gemeindearchiv Aspang Markt und Aspangberg
- Allgemeines aus der Polizeichronik und Klosterchronik von Aspang
- Urgeschichtliches aus dem Raum Aspang (für Dieter Korell)
- Weltin: Wehrbauten und Adelssitze Niederösterreichs
- Lechner/Handl: Heimat Bucklige Welt – Wechsel
- Loesche: Geschichte des Protestantismus in Österreich
- Mitter: Die Reichersberger Chorherren in der Pittener Waldmark
- Halmer: Burgen und Schlösser im Raume Bucklige Welt, Semmering, Rax
- Dipl. Ing. E. Fietz: Rote Kreuze in Österreich
- C. Plank: Siedlungsgeschichte der Grafschaft Pitten
- C. Plank: Römerzeitliche Straßen über den Wechsel und Hartberg
- Mitteilungen von E. R. Schweickhart
- Prof. P. W. Leeb: Schriften und Forschungen
- Unterlagen der Universität Wien

Privatarchive und Fotosammlungen: Norbert Scharinger, Franz Putz, Peter Wocheslander sen., F. Windisch

Zur Verfügung gestellte historische Schriften, Firmenchroniken und Fotos:

Franz Zwickl, Mag. Wilhelm Mair jun., Fam. Huber, Frau Scheurer, Fam. Diettrich, Fam. Reichmann, Fam. Schwarzmann, Fam. Auerböck, Fam. Haiden, OSR VD I. Vollnhofer, OSR HD M. Putz, DI Th. Schenker, Di F. Stadelmann, J. Luef, Mag. F. Trimmel, Mag. M. Ungersböck, HOL Ernst Wolfsbauer, HD Bernhard Brunner, D. Faustmann, H. Wagenhofer, Ing. Josef Wagner, M. Secco, P. Schlinter, H. Konopiski, F. Moschna, J. Geyer, J. Riegler, VOL E. Lechner, Christiana Fleischhacker, H. Wiesbauer